スロトレ

"SUROTORE" slow training diet by ISHII Naokata and TANIMOTO Michiya

はじめに

手に入れるのは確実に引き締まった美しいカラダ

世間にはさまざまなダイエットが氾濫しています。食事制限、サプリメント、ウォーキング、ヨガ…。みなさんも一度は何かしらのダイエットを試されたのではないでしょうか？

しかし、痩せたいからといって食事を厳しく制限したり、やみくもに運動してもかえって逆効果です。一時的に体重が落ちたとしても、ダイエットをやめるとすぐ体重が増え、またダイエットを始める…、という悪循環におちいります。こうしてリバウンドをくり返すうちに、体脂肪が増え、逆に太りやすいカラダになってしまうからです。

ダイエットの本質は、単に体重を落とすことだけではなく、健康的に体脂肪を落とすということです。

本書で紹介する〝スロトレ〟は、筋肉をつけて、健康的に体脂肪を落としていくダイエット。1日10分、週2～3回のエクササ

イズで筋肉を効果的に鍛え、継続していけば確実に痩せられます。

さらに〝スロトレ〟には「成長ホルモン」の分泌を活発にする効果があります。

成長ホルモンは、筋肉をつけ体脂肪を分解する働きがあるうえ、若返りを促す作用もあります。肌をきれいにしたり、シワを減らしたりする、美しくあり続けたい女性にとっていいことづくめの夢のようなホルモンです。

これまでいろいろなダイエットに挑戦してきたけれど、どうしても痩せない、とあきらめているあなた。効率の悪いダイエット法はやめて、この〝スロトレ〟で確実にスリムで美しいボディを手に入れましょう。

“スロトレ” ダイエット

5つのメリット

5 merits

m e r i t 1

美しく痩せる

スロトレは、筋肉をつけて美しく痩せるダイエット。
筋肉がつくことで基礎代謝が上がり、それによって皮下脂肪が減少。
さらに体脂肪を分解する働きを持つ成長ホルモンの分泌を促すので、
同じ食事でも太りにくいカラダに！

m e r i t 2

体力がつく

スロトレは、体重を減らして脂肪を落とすのではなく、
筋肉をつけて脂肪を落とすダイエット。
食事制限などのように体力が落ちることはありません。
むしろ適度な筋力がつくことで体力もアップし、
元気なカラダに！

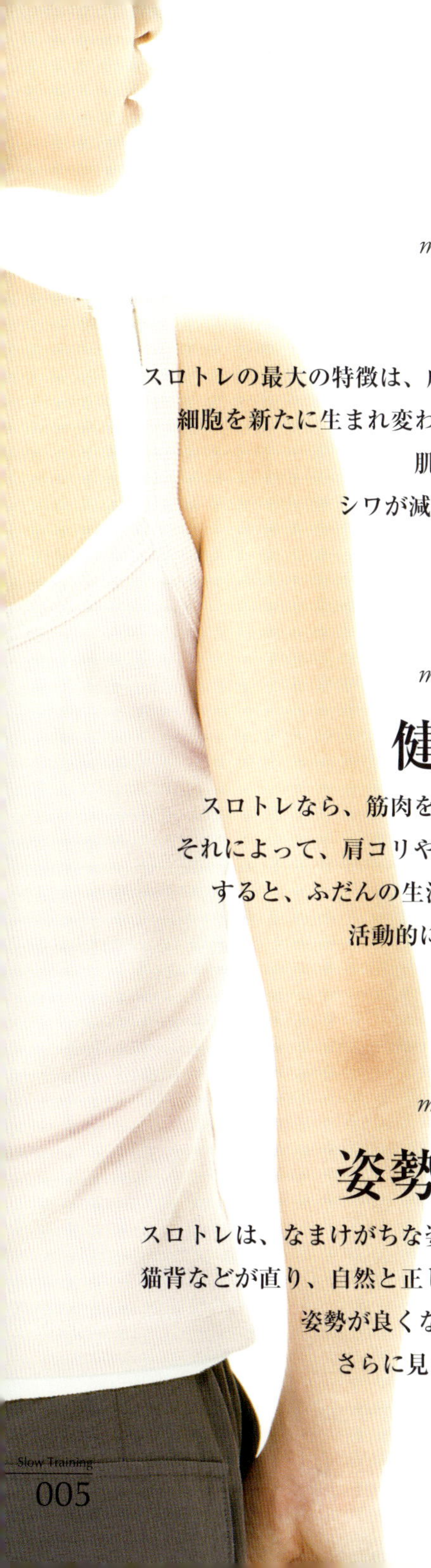

3

m e r i t

若返る

スロトレの最大の特徴は、成長ホルモンの分泌が促進されるということ。
細胞を新たに生まれ変わらせる働きが強い成長ホルモンによって、
肌のハリが戻ったり、
シワが減ったりという美肌効果も！

4

m e r i t

健康になる

スロトレなら、筋肉をつけられるのでカラダのゆがみも解消。
それによって、肩コリや腰痛などの慢性的な不調が改善されます。
すると、ふだんの生活でもカラダを動かすのがラクになり、
活動的になってますます健康に！

5

m e r i t

姿勢が良くなる

スロトレは、なまけがちな姿勢を維持するための筋肉も鍛えられるので、
猫背などが直り、自然と正しい姿勢がキープできるようになってきます。
姿勢が良くなるだけで痩せ効果もアップ！
さらに見た目もスラッとすてきに！

contents

●撮影／明賀 誠●スタイリング／和田 洋美●ヘアメイク／吉野麻衣子●モデル／櫻 詩歩
●イラスト／正田 えり子（pict-web.com）●本文デザイン／花平 和子●編集協力／布施 亜矢子、岩根 彰子
●取材協力／株式会社フェニックス●撮影協力／デサント (アリーナ)(ルコックスポルティフ) 東京都豊島区目白1-4-8
tel03-5979-6101 ／カネボウ (FILA) 東京都港区海岸3-20-20カネボウビル4F 0120-00-8959

Lesson 1

どうして痩せられるの？

“スロトレ”ダイエットのすべて

だから、今までのダイエットは成功しなかった

「痩せにくい！」「すぐ太る！」原因はコレだ！

これまでいろいろなダイエットを試してきたけれど、どうしても痩せなかった。また、一時は痩せたけれど、すぐリバウンドしてしまった。そんな経験が、誰でも一度はあるでしょう。

ダイエットしても「痩せにくい」「すぐ太る」のは、多くのダイエットがただ単に「体重を減らす」ことを目指しているからです。じつは「痩せやすくて太りにくいカラダ」を作るには、「体重を減らす」ことより、まず「筋肉をつける」ことが大切なのです。

くわしく説明する前に、まずは〝一般的なダイエット〟の落とし穴について見ていきましょう。

mistake 1

運動はキライだから

食事制限ダイエット

速効性はあるけれど 太りやすいカラダを作る可能性大！

ダイエットのなかでも一番てっとりばやく、ついつい手を出してしまうのがコレ。確かに短期間で体重は落ちますが、好きなものを食べられないストレスで長続きしないもの。しかも、停滞期に入って体重が思うように落ちなくなるとイライラして、ドカ食いに走ってしまうことが多いんです。

また、体重が落ちるときに、脂肪とともに筋肉が減るのがこのダイエットの大きな落とし穴。食事量が極端に減ると、カラダは「飢餓状態」と感じて、エネルギーの貯蔵庫である「脂肪」をできるだけ残し、エネルギーを消費する「筋肉」をできるだけ減らそうとします。つまり"体脂肪ため込みモード"になるわけですね。体重が少なくても体脂肪の多い、いわゆる隠れ肥満の状態に。

さらに、筋肉が落ちると基礎代謝※注1が低くなります。体力も落ちてカラダを動かすのがおっくうになり、消費エネルギーも減るから、どんどん「太りやすいカラダ」になるのです。

注1 基礎代謝：じっとしていても使われる、生命維持に必要なエネルギー消費のこと。

Lesson 1

mistake 2

キツくなさそうだから

有酸素運動だけでダイエット

45分間のウォーキングで消費するエネルギーはおにぎり1個分

「ウォーキングやジョギングなどの有酸素運動を20分程度行うと脂肪が燃える」というのは最近の通説になっています。有酸素運動とは息があがらない程度の持続的にできる運動のことです。「それなら運動の苦手な私もできそうだわ」と、せっせと有酸素運動を始める人も少なくないでしょう。

もちろん、有酸素運動には脂肪燃焼の効果があります。また、激しい運動ではないので気軽に行えて続けやすく、長期間継続すれば血液・血管の状態を改善し、体調を整え生活習慣病を予防するメリットもあります。

しかし、有酸素運動だけではそう簡単には痩せません。たとえば45分間のウォーキングで一生懸命汗をかいても、消費するのは200kcal程度。200kcalといえばおにぎり1個分、ショートケーキなら2分の1個程度の量なんです。確かに脂肪を消費しますが、それだけで痩せようとした場合、効率のいいダイエット法とはいえません。

mistake 3

ガマンするのはイヤだから

○○だけダイエット

○○だけ、では絶対痩せない

雑誌広告などには、よく「飲むだけで痩せる」「履くだけで痩せる」という言葉が躍っています。けれど、それらに魔法のような効果は期待できません。だって、本当にそれほど効果があるなら、みんなが試して痩せているはずですよね。

もちろん、なかには大きな効果が期待できるものもあります。たとえば食べたものを吸収できないようにして、そのままお尻から出してしまう類のもの。摂取エネルギーが減るので確かに効果は現れますが、考えてみればそれって食べてからもどすのとおなじこと。なんだか不健康ですよね。

また、脂肪の吸収を抑えるサプリメントなどは、脂肪と同時にカラダに必要なビタミン類の吸収も阻害してしまうという問題が。まずは食事管理や運動習慣がきちんとできたうえで、補助（サプリメント）的に利用するのが基本です。

しかもこういったダイエットは、やめれば体重は戻るし、だからといって続けるにはお金もかかる…。○○だけで痩せる、なんて魔法のダイエットは存在しないのです。

成功するダイエットのキーワードは「無酸素運動」

失敗はもうイヤ。確実に痩せたいなら、女性だって筋トレ！

厳しい食事制限を行ったり、サプリメントのみのダイエットはなぜ失敗するのでしょうか？　それは、ただ単に体重を落とそう、見た目に痩せようという考えでダイエットに臨んでいたからです。

大切なのは「体重」ではなく「体脂肪」を落とすこと。

そこで取り入れたいのが「無酸素運動」です。無酸素運動とは、ダンベルやマシンを使ってハードに筋肉を鍛える筋力トレーニング、いわゆる「筋トレ」などをさします。

ダイエットというと、ウォーキングやジョギングなどで脂肪を燃やすのが効果的といわれていますよね。だから「筋トレで脂肪は燃えないんじゃないの？」とギモンを抱く人もいるかもしれません。

でも、筋肉こそがカラダのなかで脂肪を燃やすいちばん大きな器官。筋肉を増やせば、代謝も上がり、脂肪も燃えやすいカラダになるのです。

確実に痩せたいなら、まずは筋力をつけるための「無酸素運動」を始めましょう！

有酸素運動と無酸素運動のちがいとは？

有酸素運動

- 運動強度が低い
- 運動中に直接脂肪を消費する
- 運動を長時間続けられる

■ウォーキング
■ジョギング
■エアロビクス
■水泳
■エアロバイク
など

無酸素運動

- 運動強度が高い
- 運動中にはあまり脂肪は使われないが運動後の脂肪の利用が進む
- 短時間の運動で筋肉が発達する

■筋トレ
■ダッシュ
など

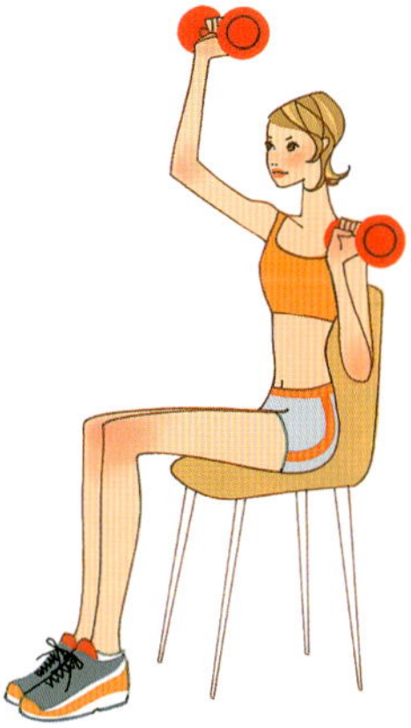

Lesson 1

あなたのダメ筋肉度チェック Check

- □ お腹だけがポッコリ出ている
- □ 体重は軽いけど体脂肪率の高い「隠れ肥満」である
- □ 姿勢が悪いとよく言われる
- □ 腰痛や肩コリがひどい
- □ ひどい冷え性だ
- □ カラダを動かすことが常におっくうに感じる
- □ 運動という運動は学生時代からほとんどやっていない

※上の項目にあてはまるものが多いほど、筋肉が衰えている可能性大。
すぐに無酸素運動を始めましょう。

つけた人は得をする？

筋肉と痩せやすさの関係

カラダは運動など特別なことをしていなくても、体温を作り出したり、呼吸をしたりするなど、生きていくためにエネルギーを消費しています。これを「基礎代謝」といいます。たとえば同じ食事をしても、基礎代謝が高ければ太りにくいし、反対に低ければ太りやすいのです。また基礎代謝の低いカラダは、体熱の生産が少ないぶん冷えやすくなると考えられます。するとカラダは保温のために皮下脂肪を着込もうとしてしまうのです。

この「基礎代謝」は、筋肉などの除脂肪量にほぼ比例して増えていきます。筋肉が増えれば、それだけ基礎代謝も増えます。

ですから筋肉がつけば、ふだん通り生活しているだけでより多くのエネルギーが消費されていくお得なカラダになれるのです。ほかにも、筋肉が増えると疲れにくくなってよく動くようになったり、垂れてくるヒップを持ち上げて引き締めたり、さまざまなシェイプアップ効果をもたらします。また保温のために、よけいな皮下脂肪を着こまずにすみます。ダイエットするなら筋肉をつけたほうが断然お得なのです。

筋肉は25歳をピークにその後、加齢とともに衰えていきます。しっかり鍛えて、基礎代謝の高いお得なカラダを作りましょう。

筋肉を鍛えると痩せ体質に

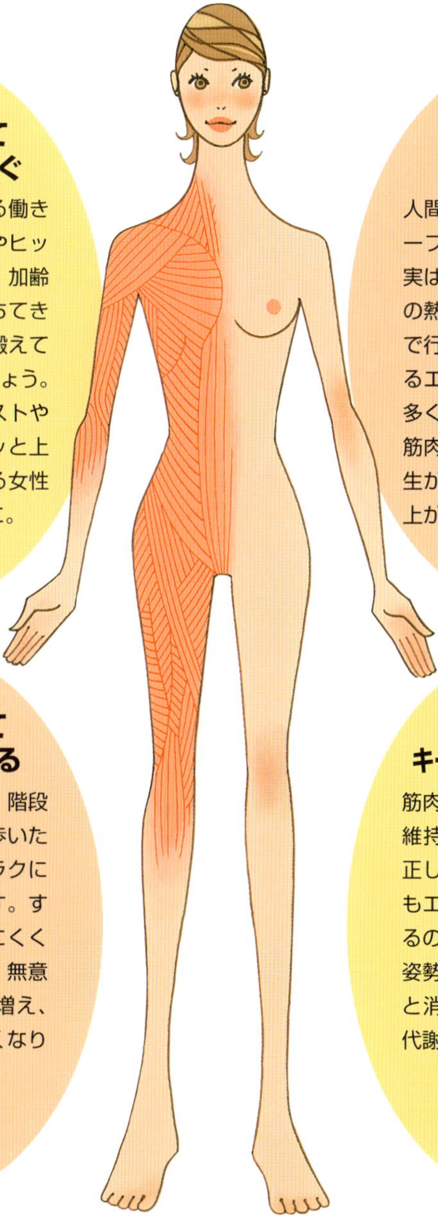

脂肪を支えて垂れるのを防ぐ

筋肉には脂肪を支える働きがあります。バストやヒップが垂れてくるのは、加齢にともない筋肉が落ちてきている証拠。筋肉を鍛えてキュッと持ち上げましょう。筋肉を鍛えると、バストやヒップの位置もキュッと上がり、メリハリのある女性らしいボディラインに。

基礎代謝アップ

人間は常に体温を一定にキープする必要があります。実はこの体温キープのための熱産生は、おもに筋肉内で行われ、そのとき使われるエネルギーが基礎代謝の多くを占めます。そのため、筋肉がつく＝カラダの熱産生が高くなる＝基礎代謝が上がる、というわけ。

体力がついて活動量が増える

筋肉が鍛えられると、階段を上ったり、駅まで歩いたり、ふだんの動きもラクにできるようになります。すると、疲れもたまりにくくなります。そのぶん、無意識のうちに活動量が増え、エネルギー消費も高くなります。

正しい姿勢をキープして代謝アップ

筋肉は背骨を支え、姿勢を維持する働きがあります。正しい姿勢を維持するのにもエネルギーは使われているのです。だから、正しい姿勢を保てる筋肉をつけると消費エネルギーが増え、代謝がアップします。

有酸素運動だけでは

エネルギーを大量に消費できない!?

「有酸素運動が脂肪を燃焼させる」のは事実です。ただし、「有酸素運動でなければ脂肪は燃えない」わけではありません。前述のように運動などをしていない安静時でも、脂肪は基礎代謝のエネルギーとして使われているのです。さらに、有酸素・無酸素運動ともに運動そのもので消費できるエネルギーというのはそれほど大きくありません。

左ページの表は安静時と有酸素運動時の消費エネルギーを示したものです。20分間ゆっくりウォーキングをしても、安静時より30kcalしか消費エネルギーは増えていません。ごはん茶碗一杯分（約250kcal）なら約8分の1程度しか消費できていないのです。ウォーキングだけで痩せるには、相当量の運動が必要になるのです。

また、痩せたいからといって有酸素運動をやりすぎてしまうと、筋肉の量が低下する場合があります。脂肪より先に筋肉が分解され、エネルギー源として使われてしまうのです。筋肉が落ちれば、その分基礎代謝も下がり、逆に太りやすいカラダになってしまいます。

ですから、有酸素運動をつらくなるまで行うより、無酸素運動でしっかり筋肉をつけ、基礎代謝を上げたほうが賢いダイエットといえます。

有酸素運動だけで消費するエネルギーはわずか

安静時と有酸素運動の消費エネルギー
（20分当たりの消費エネルギー）

運動	消費エネルギー
安静時	20 kcal
ゆっくりウォーキング	50 kcal
急ぎ足	80 kcal
ゆっくりジョギング	130 kcal
速くジョギング	170 kcal
階段上り下り	100 kcal
サイクリング	80 kcal
エアロビ	100 kcal
水泳＜クロール＞	380 kcal
水泳＜平泳ぎ＞	200 kcal

※ 20〜30代女性の一般的な数値です。

column

汗をかくのと痩せるのは無関係！

人間は恒温動物なので、体温は常に約37℃弱でほぼ一定に保たれています。そのため、体温が下がるとエネルギーを使って筋肉や肝臓などで熱を生産し、逆に体温が上がると、体表面の血流を増やしたり汗をかいたりして熱を体外に放散します。

発汗による放熱は、水分が蒸発するときの気化熱を利用したもので、その際はエネルギーは消費されません。

また、汗は若干のミネラルを含んだ水分で脂肪が含まれることはないので、たとえばサウナで一生懸命汗をかいてもエネルギーは消費されないのです。

汗をかいた直後は体内の水分が放出されるため、体重は若干落ちますが、それはあくまでも一時的なもの。汗をかくことと痩せることは、根本的には無関係なのです。

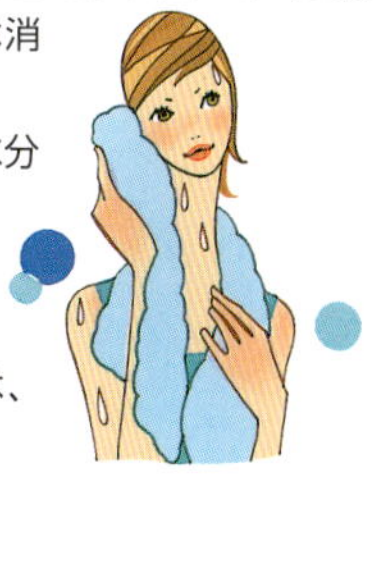

無酸素運動で

体脂肪を分解する成長ホルモンが出る

無酸素運動を行うと、その後数時間にわたり体脂肪を分解し、燃やしやすい状態にしてくれます。その働きを引き起こすのが「成長ホルモン」です。

成長ホルモンは、その名の通りカラダの成長を促すホルモンで、筋肉や骨などの成長を助け、肌をきれいにする効果もあるとされます。さらに近年、成長ホルモンに体脂肪を分解する効果があることがわかってきました。つまり成長ホルモンは、筋肉や骨などを作る一方で脂肪を減らす、夢のようなホルモンなのです。

無酸素運動を行うと、この成長ホルモンが多量に分泌されるので、まさにダイエットに最適といえるでしょう。

ただし、筋トレに代表される無酸素運動の最大の問題は「つらい・苦しい」ということ。さらに血圧が上がる、ケガしやすい、機器・設備が必要、などさまざまな壁があるのも事実です。

ところが、筋トレよりラクに行えて、同様に成長ホルモンの分泌を促す運動があったのです。それが、これから紹介する「スロトレ」エクササイズです。

成長ホルモンの働きで
運動後に脂肪が分解され燃やしやすくなる！

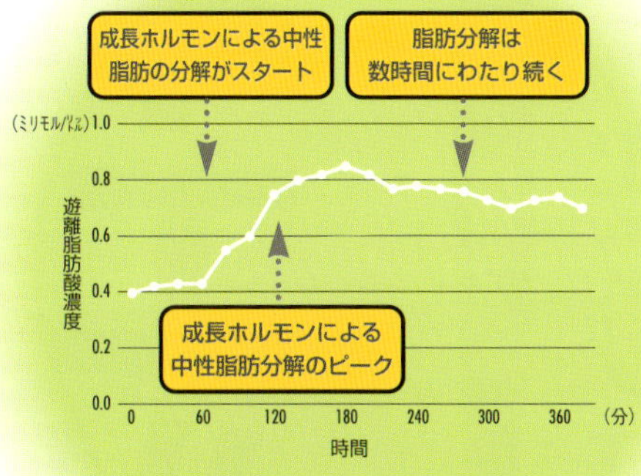

成長ホルモンと体脂肪の分解
Mollerら2002などにより改変

Lesson 1

体脂肪は脂肪細胞のなかで中性脂肪として蓄えられている。その中性脂肪が分解され、血中に遊離脂肪酸として放出されることで、脂肪が消費されやすくなる。成長ホルモンによる中性脂肪の分解が開始された1時間後には血中の遊離脂肪酸が約2倍に増大し、その後数時間効果が続いている。

column

筋トレをやるとボディビルダーのようにムキムキにならない？

女性が筋トレを敬遠しがちな理由には、単に「キツイから」だけでなく「筋肉がつきすぎてムキムキになってしまう？」という心配もあるようです。

結論からいってしまえば、その心配はほとんどありません。

第一に、女性は筋肉の発達を促す男性ホルモンがほとんど分泌されないため、男性に比べて筋肉が大きくなりにくいのです。さらに、女性の筋肉はもともとあまり大きくなく、そのシルエットは体脂肪の下に隠れているので、目に見えて筋肉ムキムキになるには相当の努力と恵まれた素質が必要になります。トップアスリートのカラダを見ても女性が筋肉ムキムキになることの難しさがわかるでしょう。今回紹介するスロトレでも、もちろん筋肉ムキムキになる心配はありません。

女性の場合、筋肉を鍛えて発達させると、ムキムキになるというより、むしろボディラインにメリハリがつき、女性らしいシルエットが強調されます。ただ細いだけではなく、メリハリのある、かつしなやかな体形ってすてきじゃないですか？

”スロトレ“ダイエットとは？

カラダひとつで始められる

シンプル・エクササイズ

筋トレなどの無酸素運動がダイエットに効果的とはいえ、ジムに通ったり、道具を準備したりするのはめんどうなもの。また、重たいバーベルを上げ下げするのはつらそうですよね。無酸素運動の効果を知りながらも、始めるのをためらっている人は多いはずです。

そこでオススメしたいのが〝スロトレ〟エクササイズです。スロトレとは「スロートレーニング」の略で、ひとつひとつの動きをゆっくりと行うことで、筋肉を効果的に鍛えられる手法です。

最大のメリットは、軽めの負荷で行えるということ。筋トレに比べてかなり気軽に取り組めるのに、それと同様の効果が得られる。これが〝スロトレ〟エクササイズの大きなポイントです。

そしてもちろん、基礎代謝を上げる「無酸素運動」なのです。

- ジムに行ったり、道具を準備しないとできない
- 心臓や血管系に負担がかかる
- ケガの危険性がある
- ツライ

通常の筋トレ

VS

スロトレ

- 道具や設備がなくてもできる
- 血圧が高めの人でも行える
- 筋肉や関節を傷めにくい
- 比較的ラク

Lesson 1

強度の高い運動をしたかのように
筋肉をダマすのがカギ！

ふつう筋肉を鍛えるためには、重たいものを持ち上げたり押したりしなくてはいけないので、女性にはとてもきついものですよね。

でもスロトレは、軽めの負荷でありながら、重い負荷で運動したかのように筋肉を「ダマす」という、ちょっとずる賢いテクニックを使うのです。

まず次ページの図を見てください。筋肉は力を入れたり抜いたりすると、AとBをくり返す形となり、ポンプのように血液を送り出します。このことから「筋肉は第2の心臓」などといわれます。

ところがスロトレでは、運動中に筋肉に力をずっと入れ続けているので、Bの状態を維持することになります。すると、筋肉のなかの血液の流れが制限され、酸素不足の状態に。これは、筋肉の環境が重い負荷で運動したときと同じ状態です。筋肉はつらい運動をしたとダマされて、素直に発達してくれるのです。ですから、ジムに行ってマシンと格闘しなくても、スロトレで筋肉をきちんと発達させられるのです。

ダマシのテクニックはコレ！

通常のスクワットでは、AとBをくり返しながらポンプのように血液を送り出します。だから血液の流れもスムーズ

スロトレは、ひざを曲げきったり伸ばしきったりしないので筋肉はずっと収縮したまま。静脈が圧迫された状態が続くので、血流が抑えられます

「ゆっくり」をキープ、さらにノンロックの動きが基本

〝スロトレ〟エクササイズは「ノンロックスロー法」という手法で行います。これは、関節や体勢を固定することなく（ノンロック）、ゆっくり（スロー）行うエクササイズです。たとえば、スクワットならゆっくり立ち上がりきる直前に、またゆっくりひざを曲げていく方法です。完全に立ち上がったり、ひざを曲げきったりして、関節や体勢をロックさせずに行うのがポイントです。

そうすると、動作中に筋肉が休みなく一定の力を発揮し続けることになります（次ページグラフ参照）。じつはこれが、軽い負荷にもかかわらず、通常の筋トレと同様の効果が得られる理由なのです。

ノンロックスロー法なら通常の筋トレと同じ効果で筋力アップ！

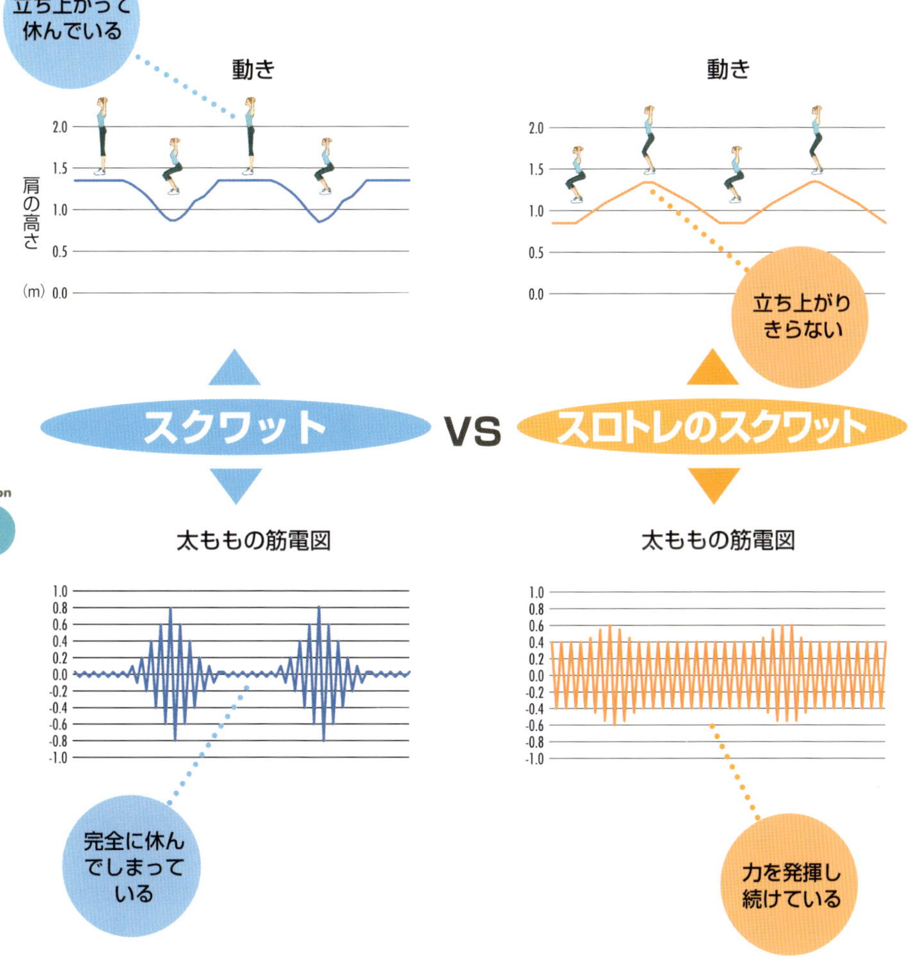

通常のスクワットとスロトレのスクワットの比較
谷本ら2004より改変

【解説】

筋電図は筋肉の活動状態を表します。1.0のとき最大の力を発揮していることを示します。通常のスクワットは途中で筋肉が休んでしまうのに対して、ノンロックスロー法で行うスクワットは、筋肉が休まずに力を発揮しているのがわかります。

成長ホルモンがたくさん出るスロトレ

スロトレで成長ホルモンが出るしくみ

スロトレを行うと、筋肉は多量の乳酸を発生し、大きな負荷をかけられたと勘違いします。乳酸には、体脂肪を分解する「成長ホルモン」の分泌を促すという特徴があります。ですから乳酸が多く発生すれば、それだけダイエット効果も上がるということです。

**比較的ラクなエクササイズを
筋肉に力を加え続けて
血流制限しながら行う**

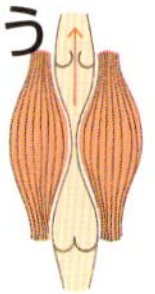

↓

**血流制限で筋肉は乳酸をたくさん出す。
これでツライ運動をしていると
勘違いする**

↓

**乳酸が
成長ホルモンの分泌を促す**

↓

**安静時の数百倍の成長ホルモンが
分泌される。
これにより軽い負荷でも筋肉が作られ
体脂肪も分解できる**

乳酸が成長ホルモンの分泌を促しダイエット効果もアップ

スロトレで行った場合（65kg×8回×3セット）

3秒で上げ、3秒で下げ、1秒止める　のくり返し

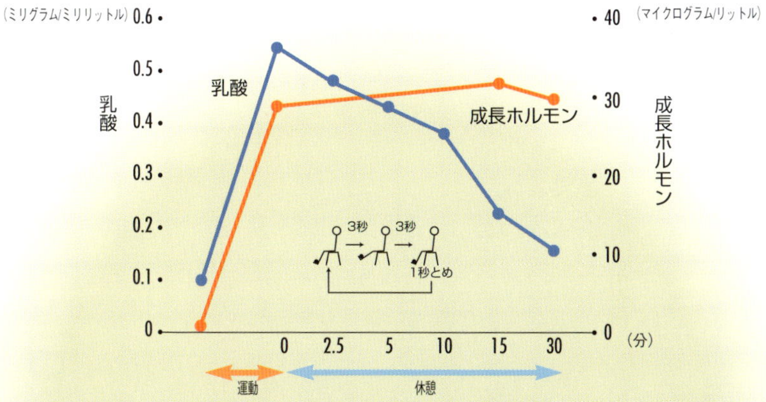

通常の方法で行った場合（130kg×8回×3セット）

1秒で上げ、1秒で下げ、1秒休む　のくり返し

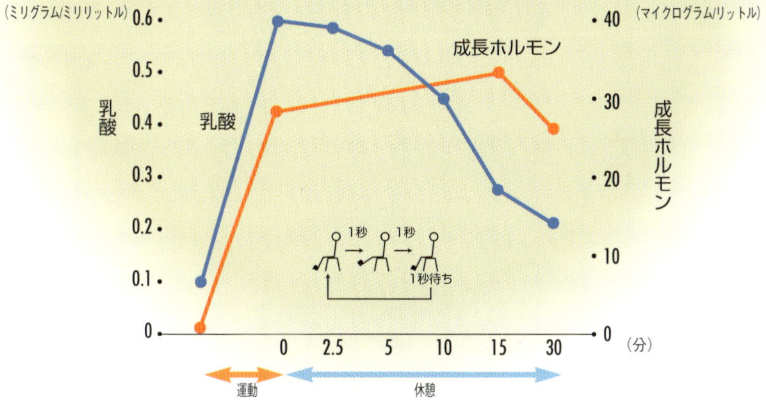

谷本ら2004より改変

（実験種目：レッグエクステンション）
※22歳男性被験者の場合

【解説】

レッグエクステンションというマシンを使った、ひざを伸ばす単純な動きのエクササイズでの実験です。スロトレでは65kg、通常の方法では130kgの負荷を用いてそれぞれ8回×3セット行いました。

スロトレは、通常の方法の半分の負荷で行っているにもかかわらず、ほぼ同量の乳酸を発生し、成長ホルモンもほぼ同量分泌されていることがわかります。

1日10分、週2日

毎日やらなくてもOK！

スロトレは「毎日やっちゃダメ」という、なまけ者や忙しい人にはありがたいエクササイズ。結果を出そうと3日続けてやったりするのはNG。毎日同じ筋肉を使うと、筋肉が成長する時間がとれません。休ませることも大切なのです。

理想は1日おきですが、それがムリなら2日おきでもかまいません。日曜日に1回やったら、次の週の半ばにもう1回、といった週2のペースでもOKです。

10分程度なので、朝出かける前、お昼休み、帰宅後など空いた時間を利用して行えます。会社などで行うなら、ダイエット仲間を見つけて行うと楽しくできそうですね。

1日10分、しかも週に2回だけならうまく続けられそうな気がしませんか？

column

筋肉痛ってどうして起こるの？

激しい運動をしたあとで、つらいのが「筋肉痛」。この原因は筋肉が目には見えないくらい細かく損傷し、そこが炎症を起こすことが原因。炎症反応には時間がかかるため、痛みが遅れてきます。

この損傷は、筋肉にかかる負担が大きいほど強く起こります。軽い運動をするより、激しい運動をするほうが筋肉痛がひどくなる。これは経験上、だれでも知っていることですよね。

一方、スロトレは軽めの負荷で、重い負荷で運動したかのようにダマす方法ですから、当然筋肉の損傷も少なく、筋肉痛は起きにくくなります。

有酸素運動と

組み合わせるとさらに効果アップ！

よく「脂肪を燃焼させる」といいますが、これには2段階のステップがあります。最初は、体脂肪のなかの中性脂肪が分解されて血液中に放出される、いわゆる「体脂肪の分解」。そしてその次は、分解されて血液中に出てきた遊離脂肪酸とグリセロールを筋肉で取り込んでエネルギーとして使う「脂肪の燃焼」です。脂肪を減らすには「分解」と「燃焼」のコンビネーションが必要なのです。

スロトレを行うと、成長ホルモンの効果で、約1時間後には脂肪の分解スピードが上がり、血中の遊離脂肪酸が2〜3倍に増加します。つまり、これは脂肪が燃えやすい状態になっているというわけ。効果はそのあと数時間続くので、そこで意識的に動いたり、脂肪燃焼効果の高い有酸素運動を行えばさらに効果的なのです。

じつは、これを反対の順番で行うとまったく別のことが起こります。成長ホルモンは、血中の遊離脂肪酸が上昇すると分泌が抑えられてしまう性質があるので、先に有酸素運動を行うとその後の無酸素運動での成長ホルモンの分泌が抑えられて効果が減少します。組み合わせる場合は順番が肝心です。

スポーツジムでエアロビのクラスを受けたあとに筋トレをしている姿を見かけますが、組み合わせの効果という点では損をしているということになりますね。

有酸素運動と組み合わせるなら順番が肝心

グラフ1：無酸素運動のあとに有酸素運動を行った場合

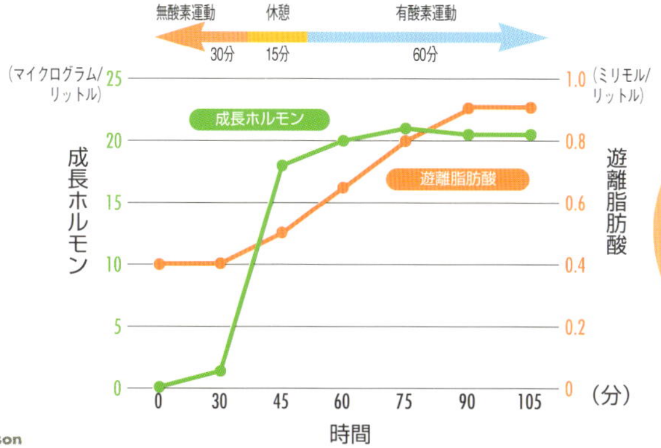

グラフ2：有酸素運動のあとに無酸素運動を行った場合

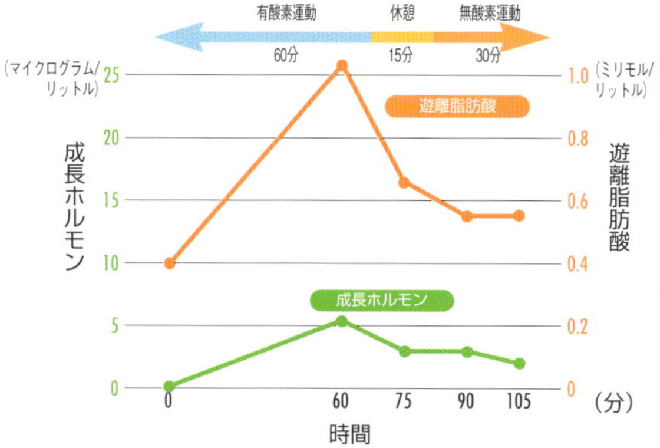

無酸素→有酸素
有酸素→無酸素の成長ホルモン値
後藤ら2004などより改変

【解説】
無酸素運動と有酸素運動の組み合わせの順番を変えて実験を行ったものです。無酸素運動のあとに有酸素運動を行ったほうが、成長ホルモンの分泌量が高く、脂肪がより多く分解されているのがわかります。

スロトレがもたらす

カラダ革命

14 days

2週目

Start

筋力がついてカラダが軽くなる

成長ホルモンの効果で脂肪が減り始める

便秘や冷え性などが改善され始める

元気になる

"スロトレ" ダイエットは、
体重が落ちるだけでなく、
筋力がついてカラダが軽くなる、
姿勢が良くなる、
肌がきれいになるなど、
カラダにうれしいさまざまな効果を
もたらしてくれます。
それらの効果が現れる時期の
目安を表にしました。
あなたのカラダが
着実に変化していく様子を
ひとつひとつ実感してください。

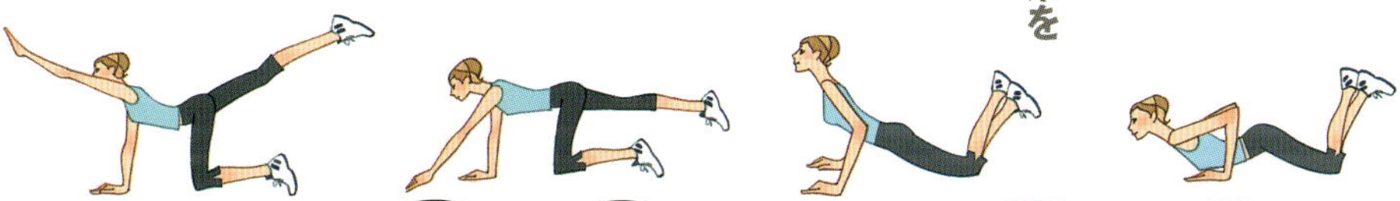

28 days（4週目）

- 姿勢が良くなる
- 筋肉がつき始めて脂肪の減少が目に見えてくる

90 days（12週目）

- 目に見えてスタイルに変化が現れる

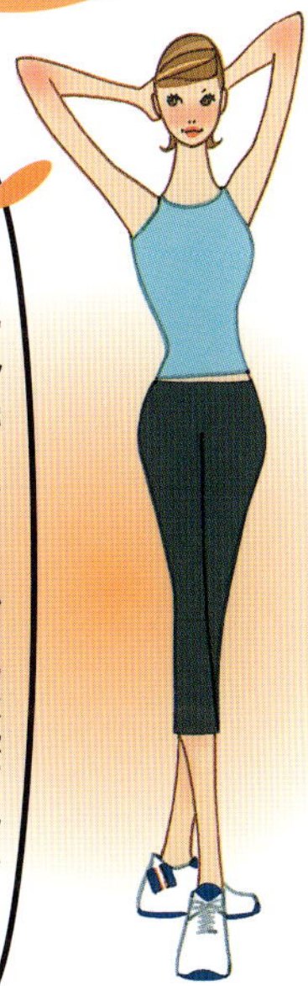

継続

- 肌がきれいになる
- シワが減る
- 見た目が若返る

カラダ革命 1
14days

眠っていた筋肉が目覚め

カラダが軽くなって疲れにくくなる！

スロトレを始めて最初の2週間は、眠っていた筋肉を目覚めさせる期間。ほとんど使われないためになまけていた筋肉が、スロトレによる刺激を受けて目覚め、ふだんの生活のなかでしっかり働くようになっていくのです。

その結果、最もわかりやすく現れる効果が、力がついてカラダが軽くなる「感覚」です。

スロトレを始めてしばらくたつと、日常生活のさまざまな動作がラクになるのが実感できるはず。「立ったり座ったりする動作がスムーズになった」「いままでつらかった階段が一気に上れた」こんな変化が感じられたら、カラダが変わり始めている証拠です。

また、筋肉がしっかり働くようになるとカラダが疲れにくくなります。そのため日ごろから、こまめに動けるようになってエネルギー消費量が増え、さらに筋肉も鍛えられるという、良い循環が生まれるのです。

たとえ実際に体重が減らなくても、身のこなしが軽くなっただけで、人からはなんだかすっきりして見られるものですよ。

“スロトレ” ダイエット
体験者の声

2週目くらいからカラダが軽くなってきた感じで、日常の動作がラクになりました

主婦・35歳

正しい姿勢を意識すると腹筋や背筋がすごく疲れていたんですが、だんだんラクにできるようになってきました。1か月たったいまは意識しなくても自然に良い姿勢がとれています

会社員・28歳

なんだか体力がついたようで、以前は出かけるのがおっくうだったんですが、最近はマメに外出するようになりました。また、ひどい冷え性だったのですが、3週間くらいたったころから、手や足先をほんのり温かく感じることが増えたようです

家事手伝い・27歳

じっとしていても
体脂肪が燃えやすくなる！

生命維持に必要な基礎代謝、カラダを動かすことで消費される運動エネルギー。それらに、食事によって発生する熱エネルギーをつけ加えたものが、人間が一日に使う総消費エネルギーになります。

なかでも基礎代謝は占める割合が大きく、特に運動をしない日で、総消費エネルギー量の65％程度が基礎代謝といわれています。

スロトレを3か月程度きちんと続けると筋肉などの除脂肪体重が1〜2kgほど増え、基礎代謝は50〜100kcalくらい増えます。これは、毎日20〜40分間散歩した場合に相当する体脂肪を燃焼してくれる計算になります。

ただし、妊娠・出産をする女性にとって、体脂肪は単に敵ではなく必要なものでもあるのです。月経が起こるには、少なくとも体重に対して15％程度の脂肪が、正常な周期で月経が行われるにはそれが20％程度必要であるといわれています。マラソン選手などが体重を絞り込むと、月経が止まることがあるのはそのためです。

ですからスロトレは、脂肪をむやみに落とすのではなく筋肉量を増やして、カラダ自体が自然に余分な脂肪を減らす方向へと導く、女性にとって理想的な体脂肪の落とし方といえるでしょう。

column

食事は回数を増やしたほうが痩せる？

右ページにもありますが、一日に使う消費エネルギーの比率は、およそ、基礎代謝が65%、運動代謝25%、食事により発生する熱エネルギー（代謝）が10%です。このうちの、食事により発生する熱エネルギーとはなんでしょうか？

食事を始めると上着を脱ぎ出したり、汗をかいたりする人っていますよね。これは、食物を摂ることで消費エネルギー量が増え、発熱するからです。この現象を特異動的作用（SDA）といいます。

SDAの程度は、摂取する栄養素により異なります。糖質や脂質では摂取したエネルギーの数パーセント程度ですが、たんぱく質の場合は摂取エネルギーの30%にも及びます。この点から、たんぱく質は痩せやすい栄養素といえます。

ちなみに体温は、高いほどカラダのなかが活発に働きます。睡眠時に下がった体温を目覚めてすみやかに上げることは、活動的な一日を始めるためにとても重要です。朝食の定番である卵かけご飯や納豆ご飯などは、エネルギーとしてすぐ使える糖質と、体温上昇作用の高いたんぱく質をしっかり摂れるので、理にかなったメニューといえます。

朝食を摂らない人がしっかり摂れば、一日を活動的に過ごせるのでエネルギー消費が増えますし、SDAも一回増えます。ですから食事の量はなるべく増やさず、回数を増やしましょう。

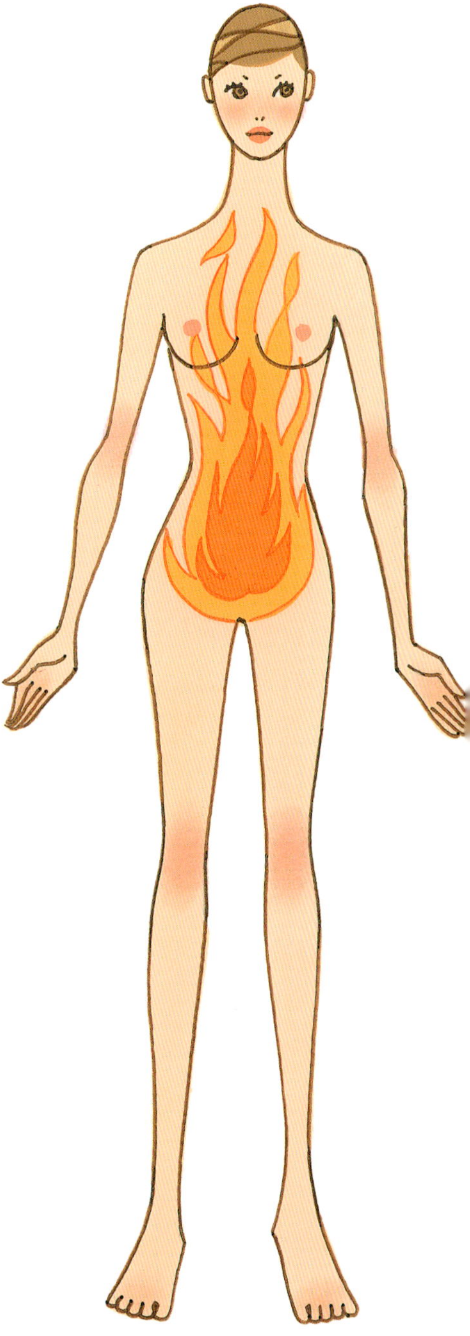

冷え性・腰痛・便秘など

女性に多い不調もまとめて解消！

どんな運動でも定期的に行うと、毛細血管が発達します。これは、筋肉に酸素やエネルギー源を運んだり、代謝産物を回収したりするために起こります。特にスロトレは、一時的に筋肉への血流を制限するため、そのツライ状態をなんとかしようとして血管がどんどん発達するのです。毛細血管が発達すると全身の血行が良くなり、血液によってカラダの隅々まで熱が運ばれるようになって冷え性が改善されるわけです。

カラダを支える筋力が非常に弱くなってくると背骨に大きな負担がかかり、場合によっては腰痛を引き起こします。さらに腹筋群が弱くなるため、内臓が下垂し腸を圧迫。それによって便秘がちになってしまうことも。スロトレでは姿勢を維持するお腹まわりの筋肉をしっかり鍛えますから、良い姿勢を維持でき、姿勢の悪さによって引き起こされていた腰痛や便秘も解消されます。

また腸は、蠕動（ぜんどう）運動という動きで腸をうねらせ排便を促しています。便秘は、この運動がうまくいかないこと。蠕動運動は、消化物が入ってきたり、運動で刺激が加わったりという物理的な刺激を受けることで誘発されますから、スロトレで腹筋群に力が加わると、腸が刺激を受け蠕動運動を引き起こすわけです。こうした面でも便秘解消に効果的なのです。
スロトレを始めて、減量効果が実際に現れるまでには最低でも一か月程度かかります。しかしそれ以前に、「冷え性や便秘が治った」という体験者は多いようです。こういった効果の現れは、エクササイズがうまくできていてカラダが変わり始めている証拠。冷え性や便秘の改善は、痩せ始めのひとつのシグナルといえるでしょう。

Lesson 1

正しい姿勢で お腹まわりがスッキリ

人間のカラダは、S字状に並んだ背骨の2つのアーチによって上体を支えています。このS字に並んだ背骨を、前から腹筋群で、後ろから背筋群で支えてまっすぐ立つ姿勢を保っているのです。ですから姿勢を維持することは、お腹まわりの筋肉を使う大きな仕事なのです。

ところが、あまりに運動不足の生活をしていると、正しい姿勢をキープするための筋力すらなくなってしまい、その結果「猫背」や「出っ尻」などゆがんだ姿勢に。これは、どちらも背骨のアーチを支えるお腹まわりの筋肉が弱いため骨盤が前後に傾き、おもに背骨のアーチの力だけで姿勢を維持している状態です。

骨盤が傾くと、お腹まわりの代謝が悪くなり、そこに脂肪がつきやすくなります。姿勢の悪さは見た目の問題だけでなく、じつは太ってしまう原因でもあるのです。

また、お腹まわりの筋肉は背骨のアーチだけでなく、内臓を支える役目も果たしています。筋肉がゆるんで内臓を支えられなくなると、当然内臓は下がってしまいます。この下垂した内臓が、下腹をポッコリさせるわけです。ポッコリお腹の原因は脂肪だけではなかったのです。

正しい姿勢

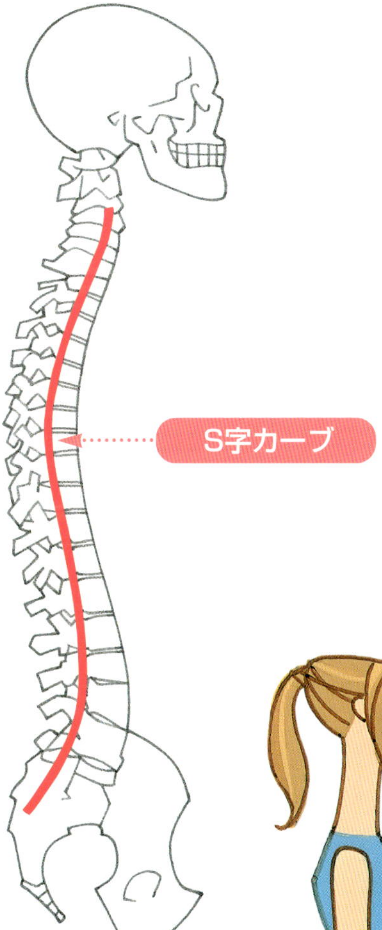

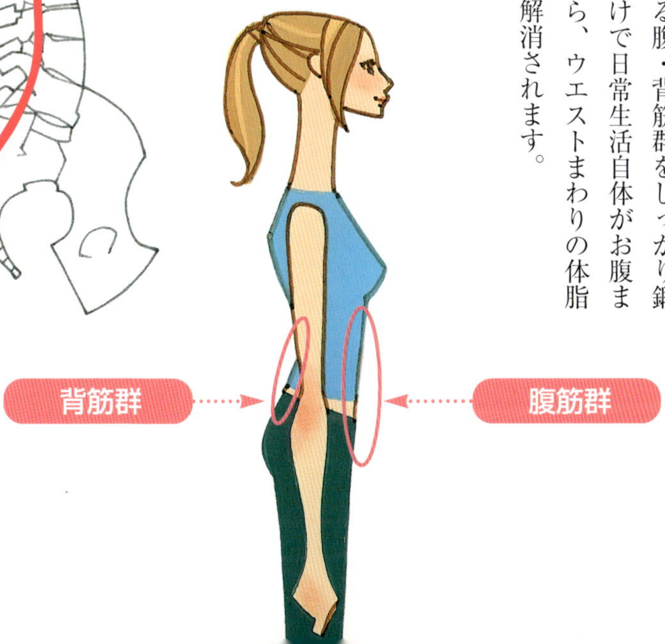

これを改善するには、まずは正しい姿勢を保てるだけの筋力をつけること。スロトレのメニューは、姿勢を維持する腹・背筋群をしっかり鍛えていきます。正しい姿勢になれば、それだけで日常生活自体がお腹まわりの筋肉のエクササイズになるわけですから、ウエストまわりの体脂肪を減らせ、腰痛・便秘などカラダの不調も解消されます。

Lesson 1

あなたは大丈夫？

姿勢のゆがみチェックシート

あなたの立ち姿勢を真横から見てチェックしてみよう！

Check!

立ち姿を横から見るとあごが前に出て、本来カラダの中心線上に位置するはずの耳が前に出てしまっている

Check!

歩くときにお尻をフリフリしている

Check!

両肩が前に出ていて、腕がカラダの真横ではなく、少し前にある

Check!

ひどい「はと胸」だ

Check!

肩コリがひどい

Check!

お尻が極端に出ていて、下腹部に力が入っていない

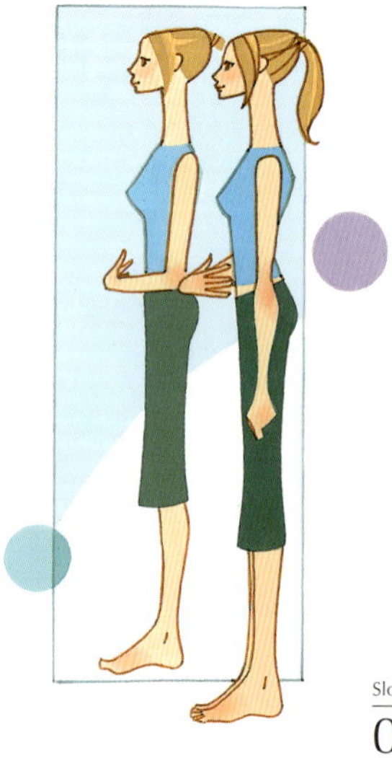

Check!
□ にチェックが
2個以上ついた人は…

出っ尻
（骨盤前傾）

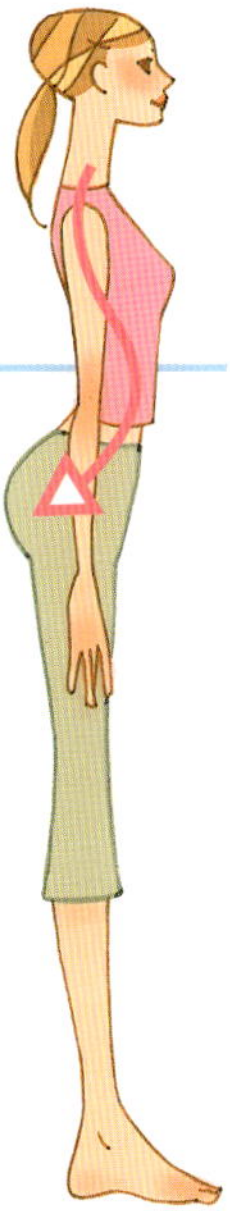

出っ尻は、腹直筋や大臀筋などの筋力が弱いために起こる骨盤の前傾が原因。一見すると胸を張っていて、お尻がアップした良い姿勢と思われがちですが、実際には背骨の力だけで体重を支えている悪い姿勢です。腹筋を使っていないので下腹部はポッコリ出てしまいます。また、ものすごくお腹が出ている人も腹部の重みで骨盤が前傾し、出っ尻になりがちです。

Check!
□ にチェックが
2個以上ついた人は…

猫背
（骨盤後傾）

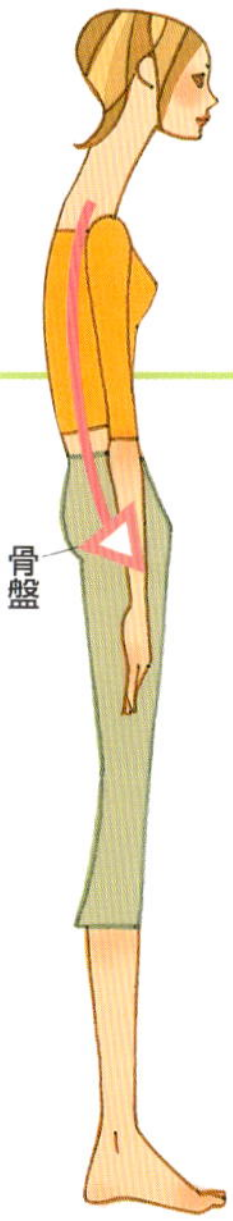

猫背は大腰筋、脊柱起立筋群などの筋力が弱いために起こる骨盤の後傾が原因。背骨のS字カーブがなく腰がまっすぐで、あごが前に突き出ます。カラダ全体がダラッとしてしまい、下腹部が前のほうに出ています。立つときにひざが曲がってしまう場合もあります。

※注意！　ハイヒールは出っ尻・猫背ともにひどくする原因になりやすい

姿勢矯正のポイントは2つ

- 正しい姿勢の形を覚えること
- その姿勢を保てるだけの筋力をつけること

出っ尻を解消するには
お尻の筋肉を一度ギュッと締めて、そのときの姿勢を維持したまま、お尻の力を抜きましょう。骨盤が後傾し、正しい姿勢がとれます。

猫背を解消するには
意識して胸を張り、そのときの姿勢を維持したまま肩の力を抜きましょう。骨盤が前傾し、正しい姿勢がとれます。

※どちらも姿勢を矯正するとお腹まわりの筋肉が少し緊張した感じを受けるはずです。これは本来の正しい姿勢でつねに働いているお腹まわりの筋肉がサボっていた証拠。はじめのうちは筋肉を意識して、正しい姿勢をキープするように心がけましょう。

カラダ革命 5
継続

成長ホルモン効果で

シワが減りカラダのなかから若返る

成長ホルモンは、筋肉を作り脂肪を分解する働き以外に、新陳代謝を活発にする働きを持っています。すなわち「新たなモノを作る力」が強いのです。

これは若さを維持するための大事なポイントで、成長ホルモンが一部で不老の妙薬といわれ重宝されているのはこのため。アメリカでは、老化防止のためのホルモン充填（じゅうてん）療法もポピュラーになりつつあるようです。週に2回ほど成長ホルモンを注射などで外から補うと、高齢者の場合、3か月で外見が10歳程度若返るといわれています。アメリカで実際には3か月の成長ホルモン投与で肌の保水量が2倍になり、シワが半分に減ったという研究結果も出ています。

とはいえ充填療法は、注射1回で約20万円ほどかかるのが現状。これを週2回3か月続けると、費用は500万円前後にもなってしまいます。スロトレで分泌する成長ホルモンは、注射などによる充填方法に比べ

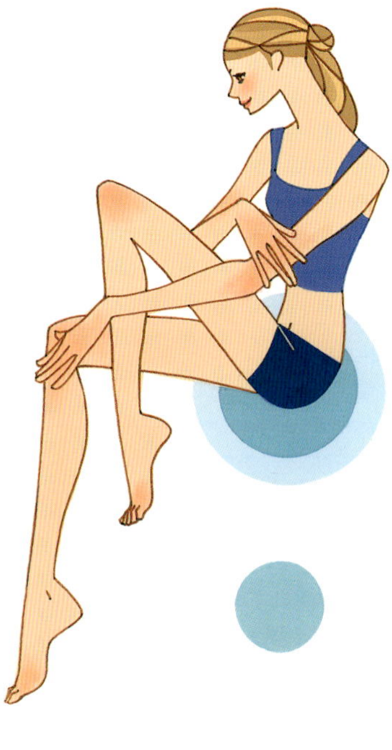

れば少量ですが、それでもじっとしている状態の数百倍になります。高いお金を出さなくても、スロトレによって若返れるのです。

加齢によって減っていく成長ホルモンをスロトレで増やそう！

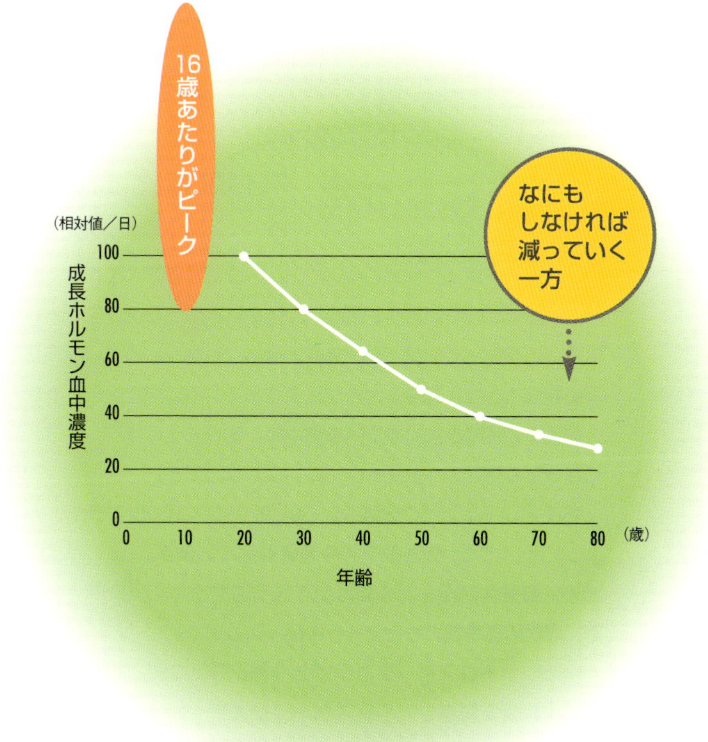

成長ホルモンは加齢とともに減少

Lamberts（1997）より改変

このグラフは20歳以降のデータのみですが、成長ホルモン分泌量のピークは16歳ごろです。成人後は加齢とともにその分泌量は減っていきます。しかし、高齢者でも適度な刺激を与えれば、成長ホルモンの分泌が増えます。スロトレを始めるのに手遅れということはありません。

スロトレ
column

ヒントになった「加圧トレーニング」

「加圧トレーニング」って聞いたことありますか？　これは、専用のベルトを腕や脚のつけ根に巻いて圧迫（加圧）し、血流を適度に制限しながら行う世界初のトレーニング。軽い負荷の運動にもかかわらず、短時間でハードな運動をしたときと同様の大きな成長ホルモンの効果を得られます。これってスロトレの特徴とよく似ていますよね。それもそのはず、スロトレのヒントになったのがこの「加圧トレーニング」なのです。

加圧トレーニングの理論は、（株）サトウスポーツプラザの佐藤義昭氏によって考案され、数か国で特許を取得しています。血流に適度な制限を加えるという特殊な方法なので、専門の指導者のもとで行う必要があります。

また、サトウスポーツプラザと（株）フェニックスが共同で開発した加圧スポーツウエア「カーツ」は、専門の指導者のもとでしか取り組めなかった加圧トレーニングを自宅で気軽に行える商品として大きな注目を集めています。

「カーツ」は、腕と太もものつけ根に専用のベルトがついていて、購入時にお店のアドバイザーに個人個人に合ったベルトとベルト目盛を設定してもらえるので、自宅で、気軽に、安全に、加圧トレーニングを行うことができます。体脂肪を落としたいというダイエッターはもちろん、筋力アップを目指すスポーツマンや健康・体力維持が課題の中高年まで、さまざまな目的に使えるのも魅力です。

写真提供／㈱フェニックス

Lesson 2

体脂肪がみるみる落ちる

”スロトレ“ダイエットを始めるゾ！

（正しいフォームを作ろう！

スロトレは、自分の体重を利用して上下運動をくり返し、筋肉を鍛えるシンプルなエクササイズ。どれも決して複雑な動きではありません。しかし、手足を曲げきったり伸ばしきったりしない、筋肉を休ませずにゆっくり動かし続ける「ノンロックスロー法」という特殊な方法で行うので、ふだんほとんど運動をしない人にはキツイ場合があります。

そんなときは、その動作に慣れるための練習として「プレトレーニング（P76参照）」から始めましょう。比較的ラクにできるので、動作を覚えることに専念できます。

今回紹介するエクササイズのなかでも、特にスクワットは重心が前後にゆれ、バランスのとりにくい種目です。何度か試してカラダがグラつくようなら、バランスをとる練習から始めるといいでしょう。プレトレーニングで、腰を落とした状態を20～30秒キープできるようになればOKです。まちがったフォームでは、せっかくやっても効果はありません。やるからには、正しいフォームを覚えて確実に効果を上げるようにしていきましょう。

正しいフォームができているか見分けるには？

スロトレが正しいフォームでできているときは、その部位が熱くなり、パンパンに張った感じがします。これを「パンプアップ」といい、成長ホルモンを分泌させる乳酸が、たまっている証拠なのです。パンプアップが感じられないようなら、うまくできていないのかもしれません。自分のフォームを見直してみましょう。

また、休みをとらず、すぐ次のエクササイズに移れそうなくらいラクな場合も、動作がきちんとできていない証拠です。ノンロックスロー法の動作は結構キツイので、慣れるまで休みを入れずにエクササイズをこなし続けるのは難しいでしょう。

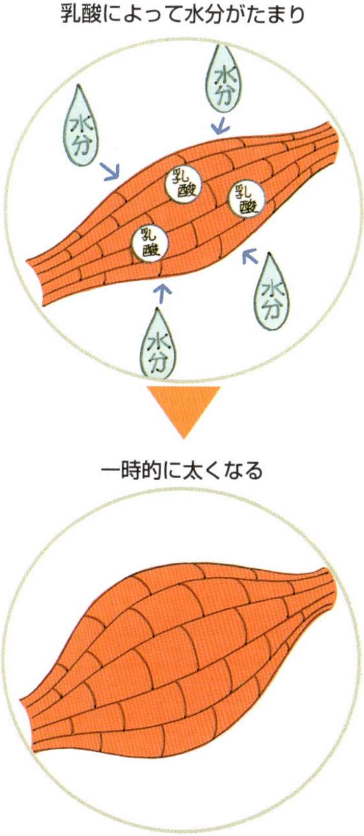

パンプアップのしくみ

乳酸などがたまり浸透圧（溶け込んでいるものの濃度による膜透過の圧力）によって、筋肉が多量の水分を含むことで起こる。一時的に腕や脚は太くなるが、すぐ元に戻る。

5つの心得

5 rules

1 ゆっくり動かす

"スロトレ" エクササイズを行う際の重要ポイントは、エクササイズ中、筋肉に力をかけ続けること。そうすることで筋肉中の血流が制限され、結果、ハードな筋トレと同様の高い効果が得られるのです。

筋肉の力を抜かないため、普通の筋トレに比べ、ひとつひとつの動作をゆっくり行います。

カラダをすばやく動かすと自然と勢いがついて、次の瞬間、反動でふっと力が抜けます。筋肉から力が抜けてしまうのは、まさにその時点。ですから、常に筋肉の力を抜かないために、動作は「ゆっくり」が肝心です。

ノンロック

たとえば腕立て伏せでは、普通ひじを伸ばしきったところで動きをいったん止めます。これを「関節をロック（固定）する」といいます。この状態では、関節でカラダを支えられるので筋肉から力が抜けてしまいます。腕立て伏せのひじを伸ばした姿勢なら何秒でもラクに維持できますよね。スクワットでひざを伸ばしきった状態も同様で、立っているだけなのでラクなものです。このように関節をロックして筋肉から力が抜けると、血流を制限できず、筋肉をうまくダマせません。

エクササイズ中に筋肉を休ませないためには、関節をロックさせないことが重要です。1分程度の短い時間ですから、動作中はその種目が終わるまで力を抜かないように意識しましょう。

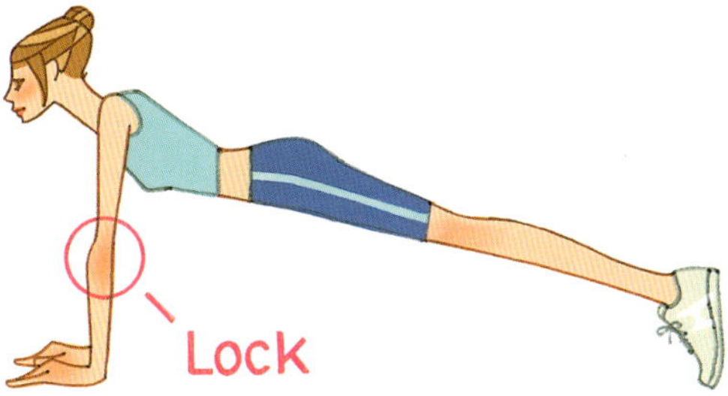

呼吸を意識しよう！

　呼吸とカラダの動きは、深く関連しています。筋トレでは通常、バーベルなどを持ち上げるときに息を吐き、下ろすときに吸います。しかし息をふっと吐いた瞬間に動作を始めると、どうしてもぐっと力が入って動きに勢いがついてしまいます。その瞬間、反動でふっと抜けてしまうのです。

　そこでスロトレでは、ゆっくりと一定速度を保つコツとして、動作と呼吸を特殊な方法でシンクロさせて行います。ふーっと息を吐き始めて１秒後に動作を開始します。呼気と同時に動き始めないことで、反動を使って加速することを抑えているのです。

　その後、息を吐き続けてゆっくり3秒間で上げる動作を、次に、息を吸いながらゆっくり3秒間で下げる動作を行うのです。つまり、ひと呼吸を1回 7秒間の上下動作で行うのです。

　しかし、あまり呼吸にこだわりすぎて意識が動作に向かなくなっては困ります。難しいようなら、息を吐き、１秒後に動き始めることだけを意識してください。息は、吐けば必ず吸うもの。まず呼吸は正しくできるでしょう。

5～10回を目安にムリのない範囲で

基礎代謝を上げる筋肉を発達させるには、5～10回くり返せるくらいの負荷が適切とされています。スロトレもその回数を目安にできるだけ行ってください。5回できない人や、10回以上できる人は「ウエイトダウン・ウエイトアップ（P74・75参照）」が必要ですね。

ただし、スロトレは回数や強度にこだわることより、安定した正確なフォームで行うことのほうが大事です。たとえば、スクワットがいきなり難なく10回できてしまうようでしたら、正確なフォームではないと思ってください。動きが速かったり、立ち上がりきって毎回休んだりと、どこかでごまかしているはずですよ。しっかりやって5回しかできなくても、効果はあるのでそれでいいのです。

Lesson 2

エクササイズ後はストレッチ

エクササイズが1種目終了するごとに、反動をつけた軽めのストレッチを必ず行いましょう（腹筋だけは、腰を痛めてしまう恐れがあるのでゆっくりと）。ノンロックスロー法では動作中、血液循環を制限するので、直後にリズミカルにストレッチすることで血液循環を良好にさせる必要があります。これでエクササイズ後の疲労が残りにくくなります。

またストレッチの時間は、種目と種目のあいだのいい休憩にもなります。エクササイズは、ストレッチまで含めて1種目と考えてくださいね。

自分に合った コースを選ぼう！

ダイエットは、どこかでムリをしていると長続きしません。意志の強さや体力には個人差がありますから、自分が続けられるようなメニューを見つけることが大事です。ここでは“スロトレ”エクササイズの3つのコースを紹介します。ライフスタイルや体力に合わせて、自分にピッタリのコースを選びましょう。

毎日続けるのは苦手。週2～3回で賢く痩せたい人は

基本コース

毎日コツコツ続けるのが苦手な人、忙しくてなかなか時間がとれないという人には週に2～3回、10分間行うこのコースがオススメです。

内容は、5種目1セット。少しキツイけど、全身の筋肉をまとめて鍛えられるので、効率はバツグンです。

▼
P.060 へGO

体力に自信がない人は

ハーフタイムコース

運動不足で筋力に自信がない人や、エクササイズを忘れてしまいがちな人は、毎日5分間行うこのコースを。5分なら、朝でも夜でも時間は作りやすいですね。

内容は、3種目1セット。毎日少しずつでも引き締めて、ナイスボディを作りましょう！

▼

P.072へGO

Lesson 2

気になる部分をさらに引き締める

集中シェイプコース

ウエストにくびれを作りたい、大きなお尻をどうにかしたい、二の腕のたるみをとりたい…。気になる部分を集中的に引き締めたい人は、基本コースかハーフタイムコースのあとに部位別エクササイズをプラス。

ちょっとハードだけど、続ければスタイルを大幅に改善!!

▼

P.084～94へGO

スロトレ基本のエクササイズで鍛える筋肉はココ!!

スロトレを始める前に知っておきたいのが、筋肉の位置と働き。どの筋肉を使っているか強く意識することで、ダイエット効果は着実に高まります。

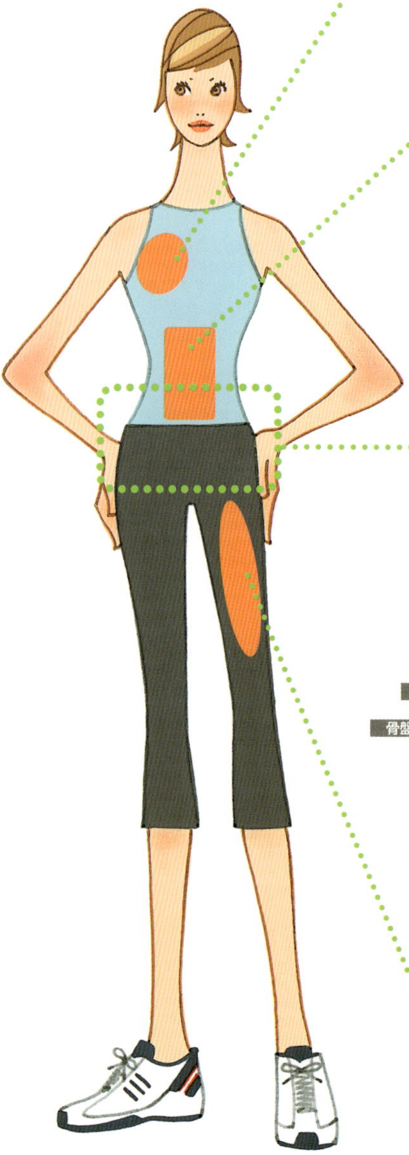

大胸筋
【だいきょうきん】

胸部の最表層にある大きな筋肉。バストアップにはこの筋肉を鍛えるのが必須。

腹直筋
【ふくちょくきん】

上体を前に曲げる筋肉。前面から背骨を支え、姿勢を維持する役割も。ここが鍛えられるとタテ割れのカッコいいお腹に。

大腰筋
【だいようきん】

下腹部の奥にある深部筋。太ももを引き上げる際に働く。骨盤を引きつけて姿勢を維持する役割も。

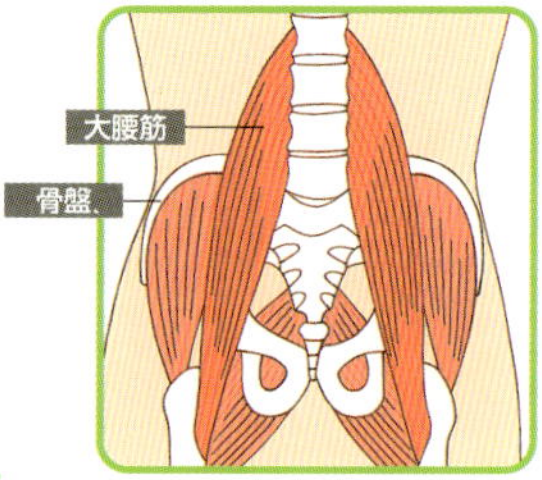

大腿四頭筋
【だいたいしとうきん】

太ももの前部にある大腿直筋などの筋肉の総称。ひざを伸ばしたり太ももを引き上げたりする際に働く。この筋肉を鍛えると太もものたるみが改善。

体脂肪が
みるみる落ちる
“スロトレ”
ダイエットを
始めるゾ！

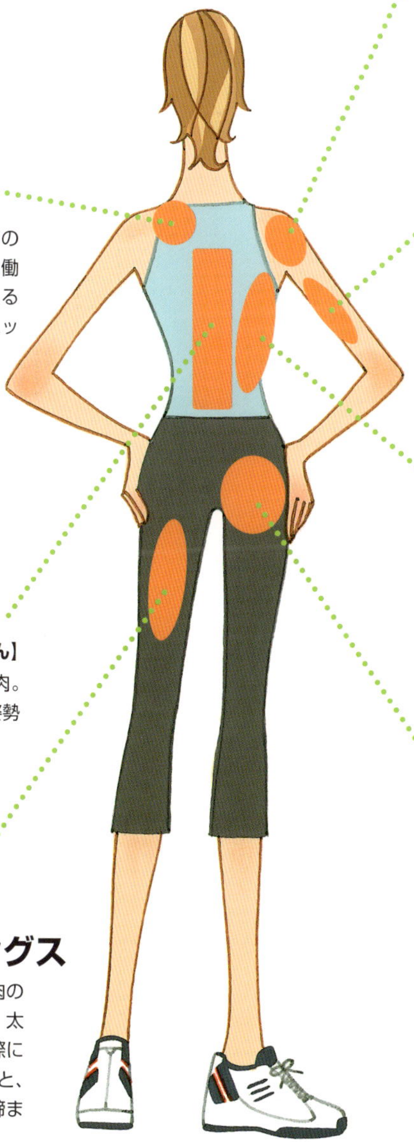

三角筋
【さんかくきん】

肩のつけ根の部分の筋肉で、その名の通り三角形。腕を横に上げる際に働く。肩から首にかけて、美しいラインを作るために鍛えたい筋肉。

僧帽筋
【そうぼうきん】

肩から首、背中にかけての筋肉。肩をすくめる際に働く。三角筋とともに鍛えると、首すじのラインがスッキリきれいに。

上腕三頭筋
【じょうわんさんとうきん】

二の腕の後ろ側にある筋肉。ひじを伸ばす際に働く。この筋肉を鍛えると二の腕のたるみが改善。

広背筋
【こうはいきん】

僧帽筋の外側からわきの下にかけての筋肉。腕を背中のほうに引く際に働く。この筋肉を鍛えると引き締まった後ろ姿に。

脊柱起立筋群
【せきちゅうきりつきんぐん】

上体を後ろに反らす筋肉。背面から背骨を支え、姿勢を維持する役割も。

大臀筋
【だいでんきん】

その名の通りお尻の筋肉。太ももを後方に蹴り出す際に働く。ヒップアップのためには、この筋肉を鍛えるのが重要。

ハムストリングス

太ももの裏側にある筋肉の総称。ひざを曲げたり、太ももを後ろに蹴り出す際に働く。この筋肉を鍛えると、もも裏がスッキリ引き締まる。

体脂肪が
みるみる落ちる
“スロトレ”
ダイエットを
始めるゾ！

1日10分、週2～3回でOK

基本コース

毎日コツコツなんてムリ。週2～3回で要領よく痩せたい人は基本コースをチョイス！
エクササイズ自体は5分程度。あいだにストレッチを入れ、休みつつ10分間かけて行います。

ウォーミングアップ
WARM UP
リズミカルニーアップ

STEP 1
ニー トゥ チェスト

ストレッチ

STEP 2
スクワット

ストレッチ

STEP 3
プッシュアップ

ストレッチ

STEP 4
アームレッグ
クロスレイズ

ストレッチ

ウォーミングアップ

リズミカルニーアップ

使う筋肉はココ！

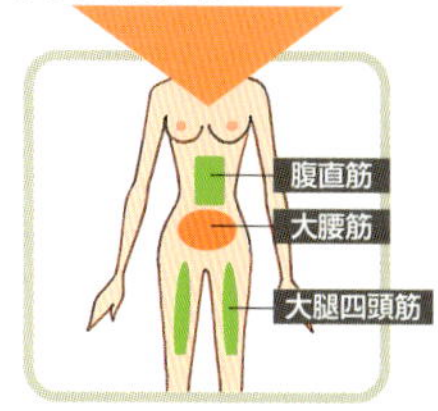

■効くところ
■特に効くところ

POINT

つま先で地面を蹴らない

Lesson 2

POINT

背中を丸めない

1

胸を張って背すじを伸ばし、大きく手を振りながらその場で足踏み。太ももは地面と平行になるまで引き上げる。

2

反対側でも同じように足踏みをくり返す。1秒間に1回（1歩）程度行う。

※このエクササイズは、ノンロックスロー法ではありません。

基本コース

ニートゥチェスト

STEP 1

5~10回

スタンバイ：
背もたれのあるイスの、前のほうにすわる。背もたれの後ろに腕を回し、座面をにぎりカラダを固定させる。

1 足を床から離し、1秒止めてからスタート。

POINT

●足を床につけて休まない

●深く腰かけるとお腹の筋肉が休んでしまう

3 2 1 0 カウント

上げる　止める　動作

吐く

呼吸法
息を吐き始めて1秒後にスタート（毎回）。
で息を吐き、
で吸います。

体脂肪が
みるみる落ちる
“スロトレ”
ダイエットを
始めるゾ！

使う筋肉はココ！

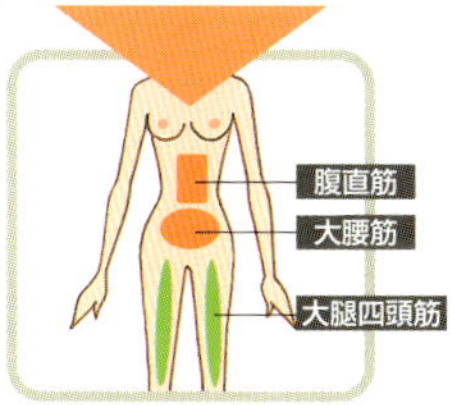

■効くところ
■特に効くところ

2

太ももを胸のほうへゆっくり引き寄せ、
1の姿勢にゆっくり戻る。

Lesson 2

● 5～10回を目安にできるだけくり返す

After ストレッチ

10秒

うつ伏せになり、両手をついて
上体を反らし10秒止める。

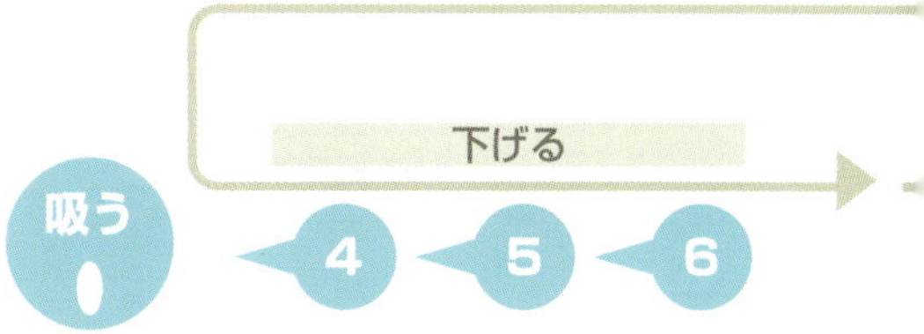

5~10回

STEP 1

ニー トゥ チェストで
腰が痛む人はコレ！

レッグレイズ

スタンバイ：
床に寝そべって、
腕をカラダの横にピッタリと添わせ、
手のひらを地面につけておく。

1 両脚をまっすぐ伸ばしたまま少し浮かせ、
1秒止めてからスタート。

POINT
脚を床につけて
休まない

3 2 1 0 カウント

上げる 止める 動作

吐く

呼吸法
息を吐き始めて1秒後にスタート（毎回）。
で息を吐き、
で吸います。

体脂肪が
みるみる落ちる
“スロトレ”
ダイエットを
始めるゾ！

使う筋肉はココ！

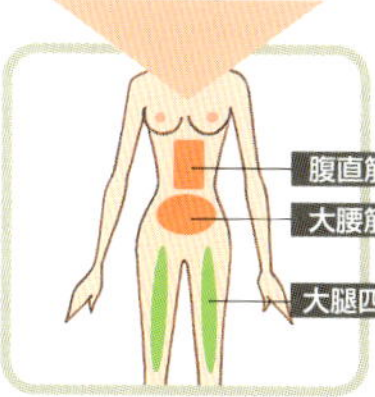

効くところ
特に効くところ

2

ひざを抱え込むようにし、
お尻を浮かせ、
1の姿勢にゆっくり戻る。

● 5〜10回を目安にできるだけくり返す

Lesson 2

POINT

お尻を床に
完全につけて
休まない

After ストレッチ

10秒

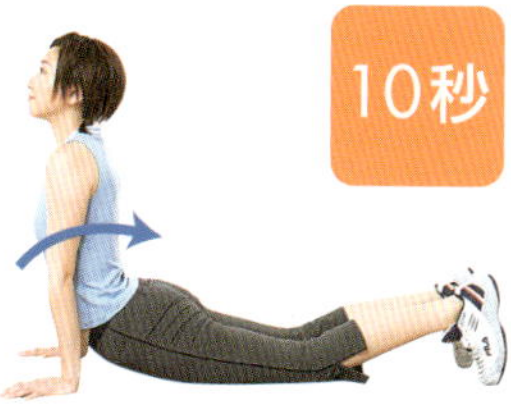

うつぶせになり、両手をついて
上体を反らし10秒止める。

下げる

吸う

4 5 6

基本コース

スクワット

STEP 2

5~10 回

スタンバイ：
両脚を肩幅程度に軽く開いて
まっすぐ立ち、
頭の後ろで手を組む。

1

しゃがみ込んで
お尻を少し浮かせ、1秒止め
てからスタート。

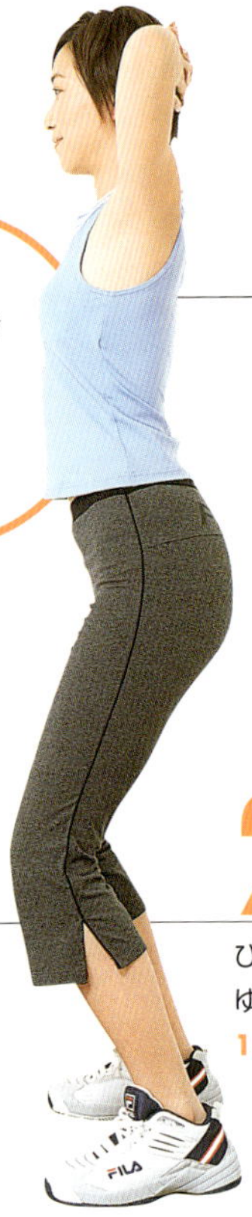

POINT

ひざを伸ばしきって休まない

2

ひざを伸ばしきる手前まで
ゆっくり立ち上がり、
1の姿勢にゆっくり戻る。

POINT

- 背中を丸めない

- しゃがみきって休まない

● 5～10回を目安にできるだけくり返す

呼吸法

息を吐き始めて1秒後にスタート（毎回）。

で息を吐き、で吸います。

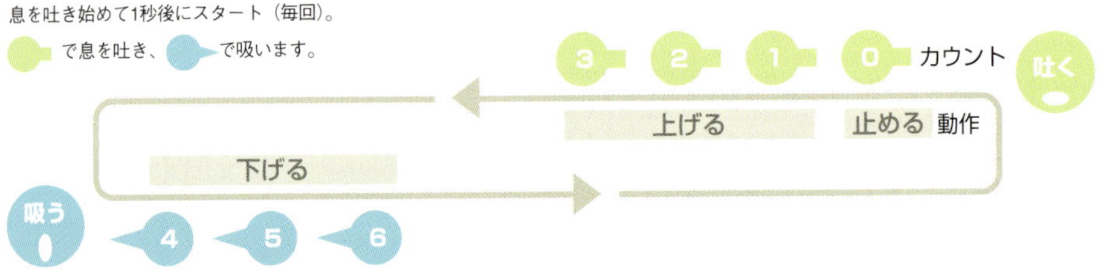

体脂肪が
みるみる落ちる
“スロトレ”
ダイエットを
始めるゾ！

使う筋肉はココ！

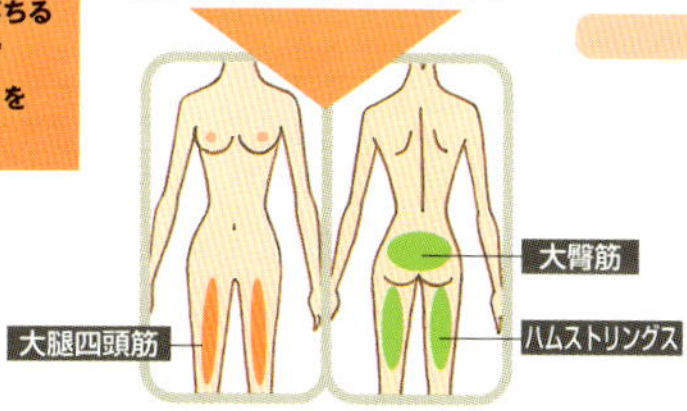

■効くところ
■特に効くところ

前太ももに効かせたい人は上体を立てたフォームで

スタンバイ：
両脚を肩幅程度に軽く開いて
まっすぐ立ち、
両手を胸にあてクロスさせる。

1
しゃがみ込んで
お尻を少し浮かせ、
1秒止めてからスタート。

2つのスクワットの使い分け
上体を立てている（P67）ほど太もも前の筋肉を、上体を倒す（P66）ほど太ももの後ろとお尻それぞれの筋肉を鍛える。

Lesson
2

2
ひざを伸ばしきる手前までゆっくり立ち上がり、1の姿勢にゆっくり戻る。

● 5〜10回を目安にできるだけくり返す

After ストレッチ

5回

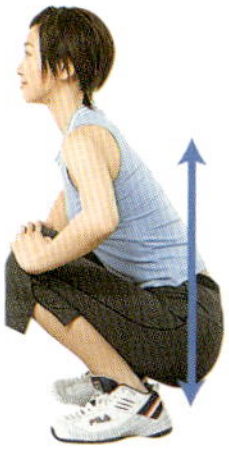

軽く反動をつけて、
お尻を5回ほど落とす。

5回

上体を倒し、軽く反動をつけてひざを5回ほど伸ばす。

基本コース

プッシュアップ

STEP 3

5~10回

スタンバイ：
手を肩幅の1.5倍ほどに開いて台におく。
台がなければ、雑誌などを重ねておく。
ひざは地面につけ、脚をクロスさせる。

1 台に胸をつけず、カラダを少し浮かせた状態で、
1秒止めてからスタート。

POINT
胸を台につけて
休まない

3 2 1 0 カウント
上げる 止める 動作

吐く

呼吸法
息を吐き始めて1秒後にスタート（毎回）。
で息を吐き、
で吸います。

使う筋肉はココ！

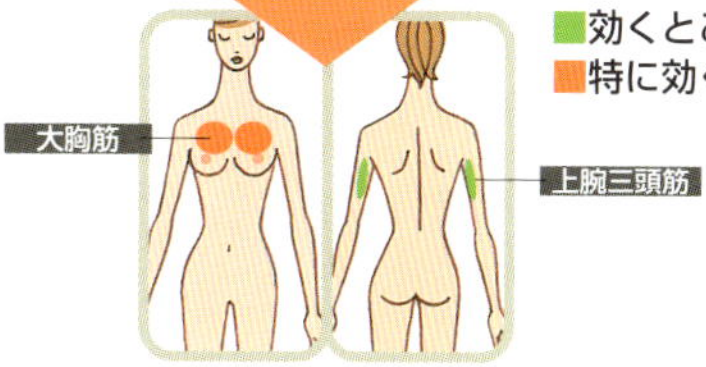

■効くところ
■特に効くところ

2

ひじを伸ばしきる手前までゆっくり腕を伸ばし、
1の姿勢にゆっくり戻る。

● 5～10回を目安にできるだけくり返す

POINT

●ひじを伸ばしきって休まない

●上体を反らしてお腹を台につけない

※女性には少しハードなのでキツイときは無理をせずにウエイトダウン（P74）を

After ストレッチ

5回

胸を張り、軽く反動をつけてひじを5回ほど引く。

下げる

吸う

4 5 6

基本コース

アームレッグクロスレイズ

STEP 4

5~10回

スタンバイ：
四つんばいになる。

1

左手と右足を少し浮かせた状態で、
1秒止めてからスタート。

POINT
手足をついて休まない

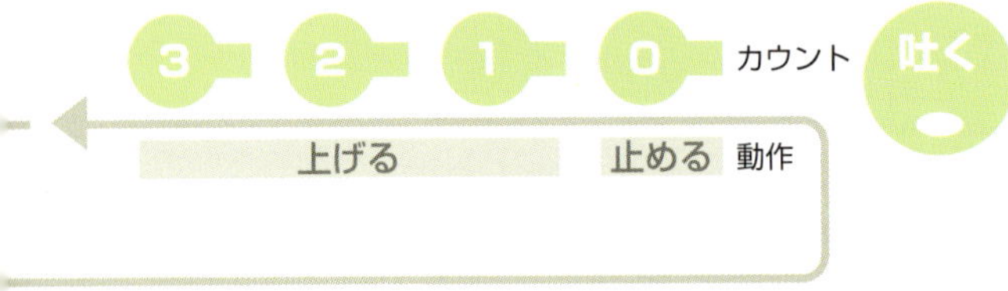

呼吸法
息を吐き始めて1秒後にスタート（毎回）。
で息を吐き、
で吸います。

使う筋肉はココ！

■効くところ
■特に効くところ

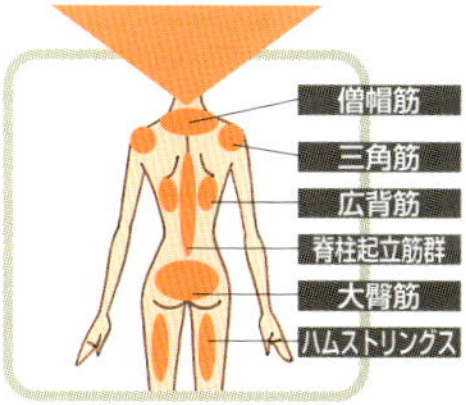

2

左手と右足を上げられるところまでゆっくり上げ、
1の姿勢にゆっくり戻る。
左右交互ではなく片側ずつ行う。

● 5～10回を目安に
できるだけくり返す

POINT

カラダをねじらない

After ストレッチ

5回

組んだ手のひらを地面に向け、
軽く反動をつけて上体を前に5
回ほど倒す。

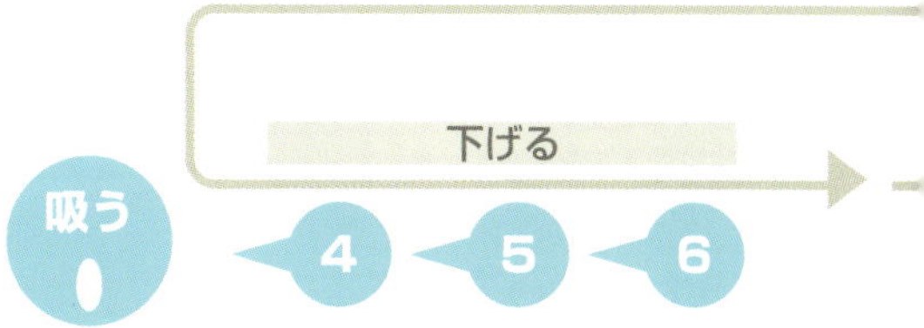

ハーフタイムコース

体力に自信のない人は毎日5分

このコースは、毎日5分間のエクササイズなので体力に自信のない人にオススメ。
月曜はAタイプ、火曜はBタイプと交互に行います。
ただし、筋肉には回復・成長するためのお休みが必要なので、Aタイプだけを2日続けて行うなど、同じ筋肉を連日使うのはよくありません。
必ず交互に行いましょう。

ハーフタイムコース

type A

ウォーミングアップ

リズミカルニーアップ

（P61参照）

ハーフタイムコース

type B

ウォーミングアップ

リズミカルニーアップ

（P61参照）

After
ストレッチ

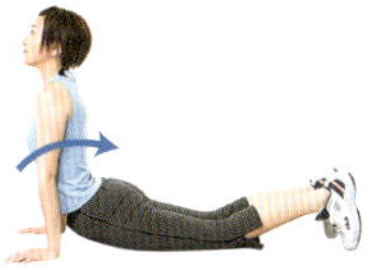

ニー トゥ チェスト
（P62参照）

※ 腰が痛む場合はレッグレイズ
（P64参照）

プラス

After
ストレッチ

スクワット
（P66参照）

Lesson
2

After
ストレッチ

プッシュアップ
（P68参照）

プラス

After
ストレッチ

アームレッグ クロスレイズ
（P70参照）

ウエイトダウン 基本のエクササイズがキツイ人のために

スロトレは、キツイからといって回数を減らすと効果がありません。5回行うのがキツイ人は、下の表を参考に少しラクなものから始めましょう。

※呼吸法は基本コースのエクササイズを参照

エクササイズ名	HOW TO
ニートゥチェスト	 ひざを曲げて行う
レッグレイズ	 ひざを曲げて行う
スクワット	 浅くしゃがみ込む
プッシュアップ	 壁に手をついて行う
アームレッグクロスレイズ	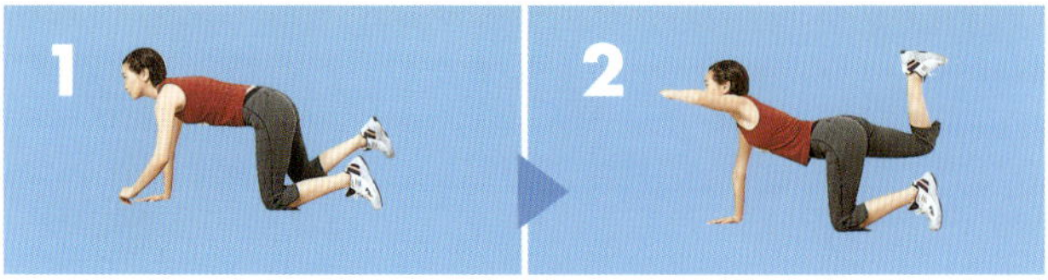 ひじとひざを曲げて行う

ウエイトアップ

基本のエクササイズがラクな人のために

エクササイズをがんばって続けていると、筋肉が鍛えられ、基本のエクササイズでは物足りなくなることもあります。そんなときは、下の表を参考に負荷を上げて行いましょう。

※呼吸法は基本コースのエクササイズを参照

エクササイズ名	HOW TO
ニー トゥ チェスト	 ひざを伸ばして行う
レッグレイズ	 ひざを伸ばして行う
スクワット	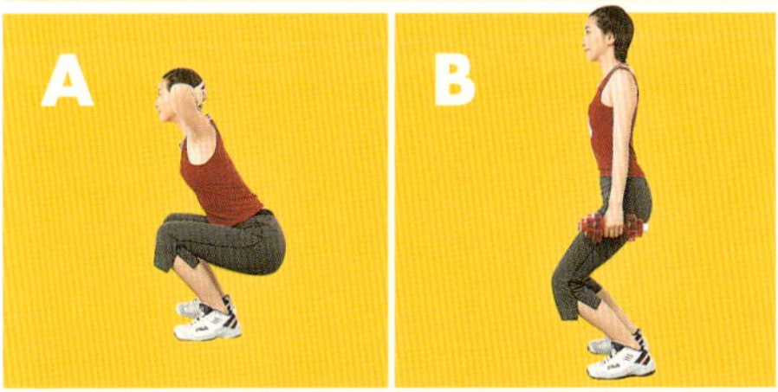 A 深くしゃがみ込む B ダンベル、本、水を入れたペットボトルなど重りを持って行う
プッシュアップ	 台を使わずに行う
アームレッグクロスレイズ	 ダンベル、本、水を入れたペットボトルなど重りを持って行う

Lesson 2

ふだんほとんど運動していない人のための

プレトレーニング

筋力に自信がない人は、最初の一週間はフォーム作りを。
ここではあまり回数にとらわれず、動作を覚えることに専念しましょう。
エクササイズの前のウォーミングアップやエクササイズ後のストレッチは
基本のエクササイズ（P60〜）と同様に行ってください。

pre training

ニー トゥ チェスト

1

背もたれのあるイスの前のほうにすわる。背もたれの後ろに腕を回し、座面をにぎり、カラダを固定させる。足を地面につけてかまわない。

2

太ももを胸のほうにゆっくり引き寄せ、**1**の姿勢にゆっくり戻る。

●**1**、**2**をできる回数だけくり返す

pre training

レッグレイズ（ニー トゥ チェストでは腰が痛む場合）

1

床に寝そべって、腕をカラダの横にぴったりと添わせ、手のひらを地面につけておく。足を地面に下ろしてかまわない。

2

お尻が少し浮く程度にゆっくりひざを抱え込み、**1**の姿勢にゆっくり戻る。

●**1**、**2**をできる回数だけくり返す

スクワット

グラつく人は
2のポーズで20〜30秒静止して、体幹（腰から首までの胴体部分）を安定させる練習をしましょう。

2
背すじを伸ばしたまま、ひざをゆっくり曲げていく。太ももが水平になるまでカラダを沈めたら、ゆっくり**1**に戻る。
●**1**、**2**をできる回数だけくり返す

1
両脚を肩幅程度に軽く開いて立ち、頭の後ろで組む。ひざを伸ばしきってかまわない。

プッシュアップ

2
腕をゆっくり曲げる。胸が地面につく少し前まで曲げたら、**1**の姿勢にゆっくり戻る。
●**1**、**2**をできる回数だけくり返す

1
手を肩幅の1.5倍ほどに開いて台におき、ひざは地面につける。台がない場合は雑誌などを重ねて置く。腕を伸ばしきってかまわない。

アームレッグクロスレイズ

2
左手と右足が上がるところまで上げ、**1**の姿勢にゆっくり戻る。次に右手と左足で同様に行う。
●**1**、**2**をできる回数だけくり返す

1
四つんばいになり、左手を肩より少し前に出し、右足を後ろに伸ばす。手足を床に下ろしてかまわない。

私も"スロトレ"ダイエットをやってみました！

実際に"スロトレ"ダイエットに挑戦した3人の実践レポートを公開。一日三食のうち一食だけ220kcalにする食事制限と組み合わせました。全員、体重・体脂肪率ともに減。また、ウエストのサイズダウンも果たしました。

体脂肪率の変化

28.8% ▶ 25.5%

ムリせず続けられて エクササイズも 楽しいです

personal data

高橋真由さん（仮名）
年齢●30歳
職業●主婦
身長●159.0cm

筋肉が増えて脂肪も着実に減少

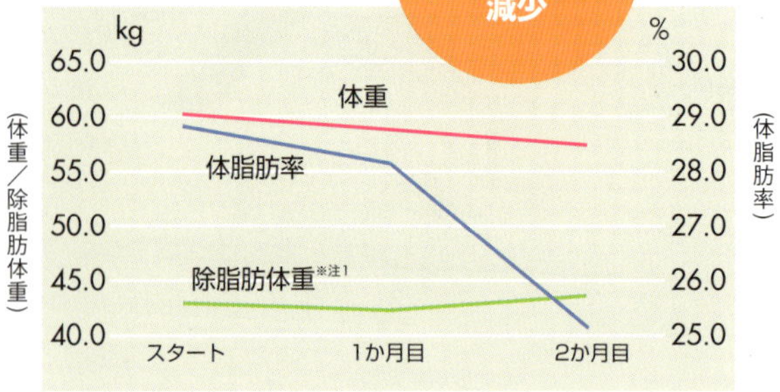

カラダが弱いのが悩みだったのですが、スロトレを続けているうちに体力がついて元気になった気がします。筋力がついたせいか、買い物などで重い荷物を持つのもラクになりました。また、かなりつらかった肩コリが、いつのまにか軽くなっていたのもうれしいですね。

続けているうちにエクササイズが楽しくなってきたので、最近はなにかスポーツを始めたいなと思っています。

※注1　除脂肪体重：脂肪を除いた体重のこと（体重50kg、脂肪10kgなら除脂肪体重は40kg）。筋肉量を評価する指標となります。

食事制限を厳しくしたのが反省点

体脂肪率の変化
25.5% ► 22.7%

personal data

西村直美さん（仮名）
年齢●26歳
職業●大学院生
身長●155.0cm

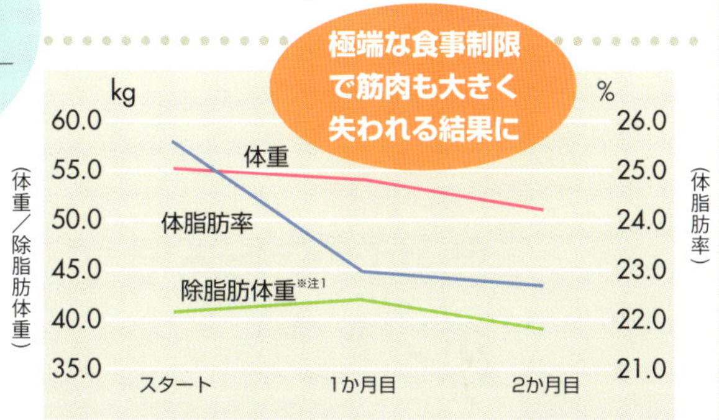

最初の1か月は体重も順調に落ち、体脂肪率は2.5%ダウン。もっと早く痩せたいと思い、後半からは食事制限を厳しくしました。その結果、体重は減りましたが筋肉も落ちてしまったようで、スロトレを始める前よりも体力が落ちた気がします。食事制限を厳しくしなければ、筋肉も落ちずにもっと痩せられたのかも。

Lesson 2

ウエストが約3cmダウン！腰痛も緩和されうれしい

体脂肪率の変化
27.4% ► 25.8%

personal data

鈴木圭さん（仮名）
年齢●34歳
職業●OL
身長●154.0cm

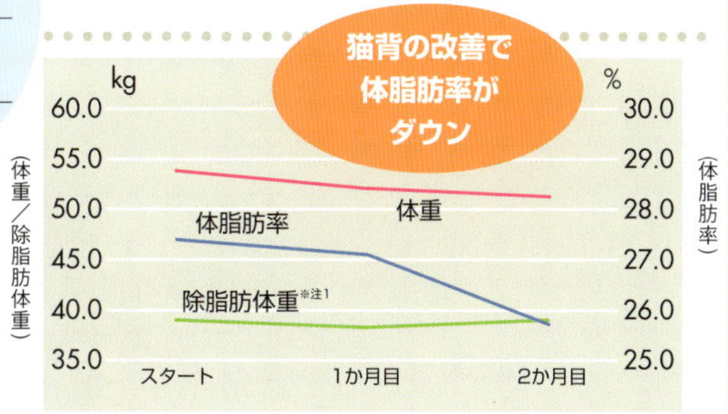

私はもともと猫背だったのですが、スロトレを始めて1か月後には姿勢が良くなったのが自分でもわかりました。お腹まわりがなんだかすっきりして、洋服もデザイン重視で選べて楽しいですね。

また、ずっとつらかった腰痛もラクになり、身軽になった感じがします。

スロトレ

column

筋肉が
脂肪に変わるって
ホント？

「運動をやめたら筋肉が脂肪に変わったみたい…」という会話をよく耳にしますが、これは大きなまちがい。筋肉細胞と脂肪細胞はまったく種類が異なるものなので、そのようなことは起こりません。

運動習慣がなくなると、運動によるエネルギー消費が大きく減少し、また、筋肉も小さくなるために基礎代謝量も減ります。ところが、それに対し、胃袋の大きさは急には変わりません。食事量が減らないために摂取エネルギーが過剰になり、余剰カロリーが体脂肪として蓄えられることになります。そのため、筋肉が脂肪に変わったように見えるというわけです。

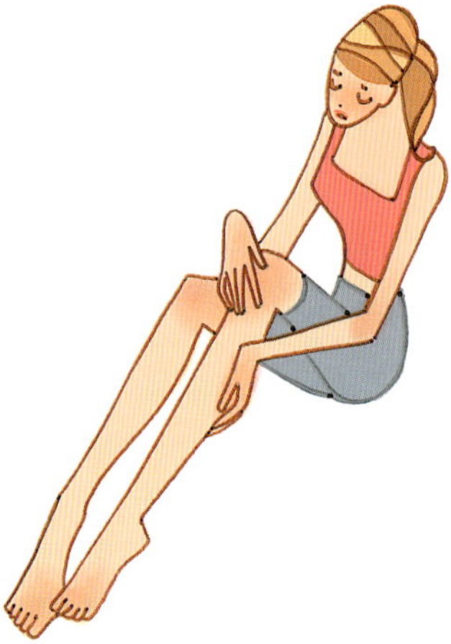

Lesson 3

気になる部位を集中シェイプして

理想のボディに

気になる部位を
集中シェイプして
理想のボディに

スロトレ 集中シェイプエクササイズで鍛える筋肉はココ!!

筋肉は意識しながら動かすことで効果的に刺激されます。集中シェイプエクササイズを成功させるためにも、自分が鍛えたい筋肉の位置と得られる効果を頭に入れておきましょう。

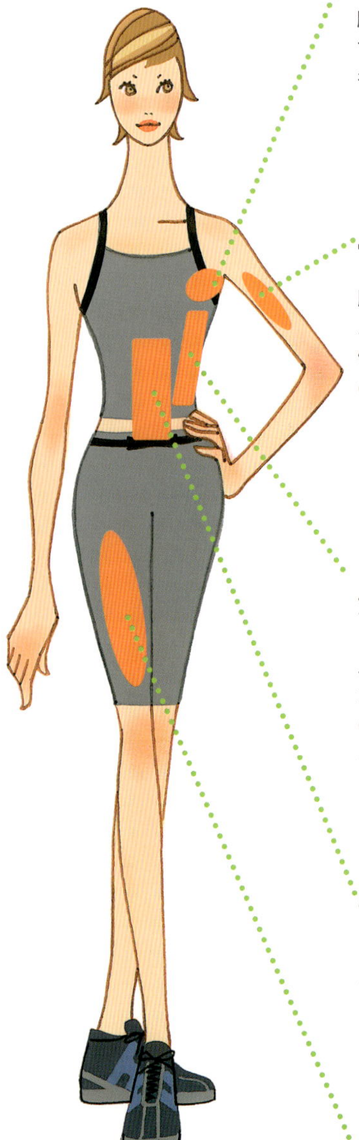

小胸筋
【しょうきょうきん】
胸の深部筋で、腕を振り下ろす際に働く。バストアップのキーポイント！

上腕二頭筋
【じょうわんにとうきん】
腕を曲げたときにできる力こぶのこと。ひじを曲げる際に働く。カッコいい腕に引き締めるなら、この筋肉を鍛えよう。

内腹斜筋
【ないふくしゃきん】
外腹斜筋
【がいふくしゃきん】
上体をひねったり、横に倒したりする際に働く。ウエストのくびれを作るならこの筋肉を鍛えよう。

腹直筋
【ふくちょくきん】
ポッコリお腹を引き締めたいならこの筋肉に意識を集中！

大腿四頭筋
【だいたいしとうきん】
太ももを引き締めるなら、この筋肉を鍛えるのは必須。

※筋肉の働きはP58〜59を参照

集中シェイプ

menu

- お腹　P84,85
- わき腹　P86
- お尻　P87
- ふくらはぎ　P88
- 背中　P89
- バストアップ　P90
- 二の腕（前側）　P91
- 二の腕（後側）　P92,93
- 肩　P94

Lesson 3

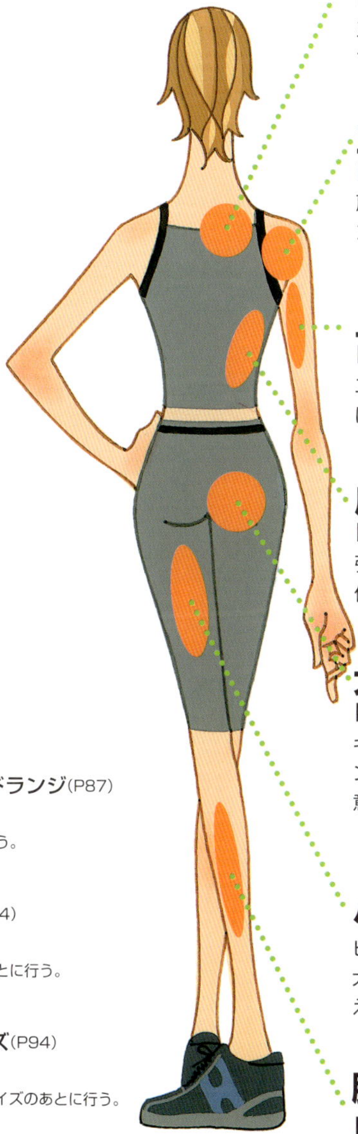

僧帽筋
【そうぼうきん】

三角筋とともに鍛えると、首すじのラインがシャープに。

三角筋
【さんかくきん】

肩から首にかけて美しいラインを作るのに鍛えたい筋肉。

上腕三頭筋
【じょうわんさんとうきん】

二の腕のたるみをとりたい人はこの筋肉を意識して。

広背筋
【こうはいきん】

引き締まった背中のラインを作るのはこの筋肉。

大臀筋
【だいでんきん】

キュッと上がったヒップラインをめざすなら、この筋肉を意識して。

ハムストリングス

ヒップアップをめざすなら、大臀筋とともにこの筋肉も鍛えるのが効果的。

腓腹筋【ひふくきん】ヒラメ筋

ふくらはぎの筋肉で足首を伸ばす際に働く。この筋肉を鍛えると、脚のラインが確実に変化します。

気になるところだけ!!

集中コース

下半身集中コース
基本コース(P60〜)＋フォワードランジ(P87)
＋カーフレイズ(P88)
※プラスの2種目はスクワットのあとに行う。

お腹まわり集中コース
基本コース(P60)＋クランチ(P84)
＋サイドベント(P86)
※プラスの2種目はニートゥチェストのあとに行う。

肩から腕まで集中コース
基本コース(P60)＋サイドレイズ(P94)
＋フレンチプレス(P92)
※プラスの2種目はアームレッグクロスレイズのあとに行う。

背中集中コース
基本コース(P60)
＋ベントオーバーローイング(P89)
＋プルオーバー(P90)
※プラスの2種目はアームレッグクロスレイズのあとに行う。

集中シェイプ

お腹

使う筋肉はココ！

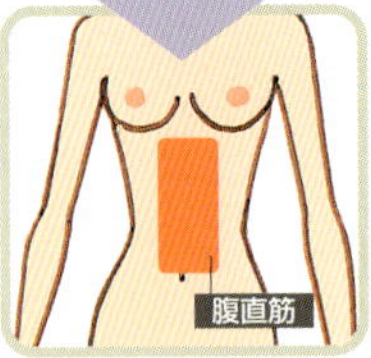

5～10回

気になるお腹を引き締める

クランチ

スタンバイ：
ひざを曲げてあお向けに寝る。
手を胸元でクロスさせる。

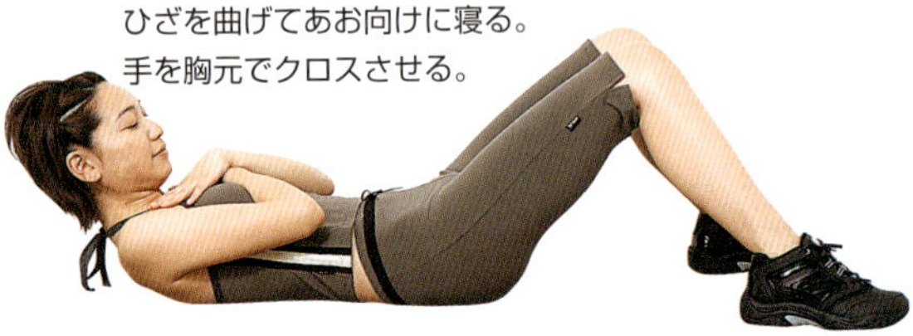

POINT
肩と頭を床につけて休まない

1 首を丸めて肩を地面から少し浮かせて、1秒止めてからスタート。

2 おへそをのぞき込むように、みぞおちから上をゆっくり丸め込み、1の姿勢にゆっくり戻す。

POINT
完全に起き上がると力が抜けてしまう

●5～10回を目安にできるだけくり返す

カウント 3 2 1 0 吐く
動作 上げる 止める
下げる
吸う 4 5 6

Afterストレッチ

10秒

うつ伏せになり、両手を床について上体を反らし、そのまま10秒キープ。

首が痛む人はコレ！

手で頭を支えると、首に負担がかからないのでラクに。

お腹

左右各
5~10
回

ひねりを加えて くびれも同時に手に入れる

ツイストクランチ

使う筋肉はココ！

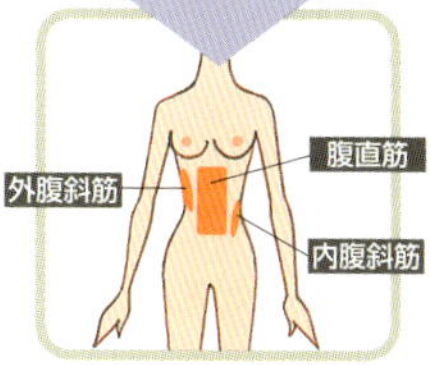

POINT

肩と頭を床につけて休まない

スタンバイ：
ひざを曲げてあお向けに寝る。
手を胸元でクロスさせる。

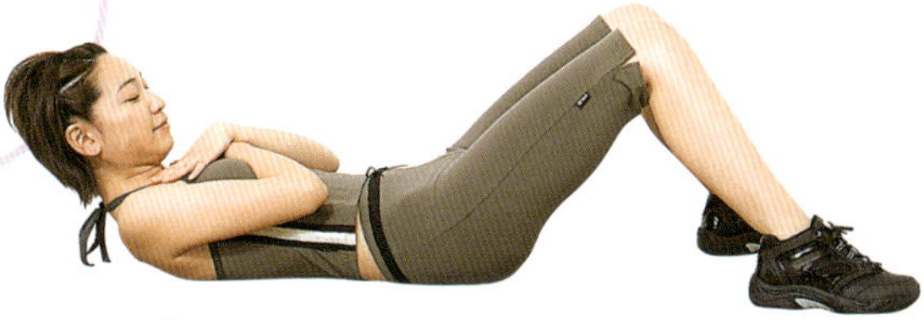

POINT

完全に起き上がると力が抜ける

1 首を丸めて肩を地面から少し浮かせ、1秒止めてからスタート。

2 上体を右側にひねりながらゆっくり上げ、1の姿勢にゆっくり戻す。
左右交互ではなく個々に行う。

●5～10回を目安にできるだけくり返す

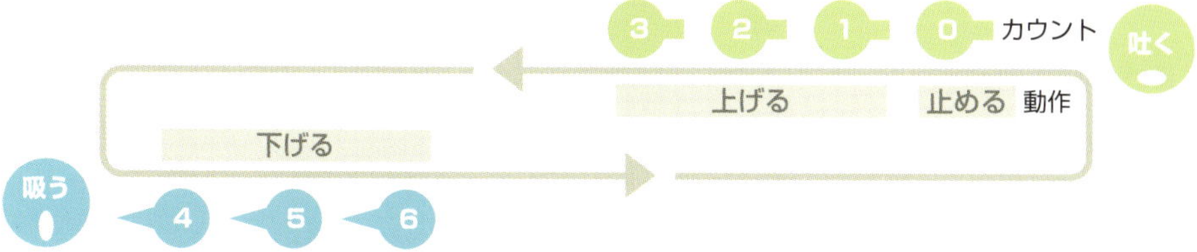

Lesson
3

After ストレッチ

左右
各5回

組んだ手をまっすぐ上げ、軽く反動をつけてカラダを横に傾ける。左右5回ずつ行う。

10秒

うつ伏せになり、両手を床について上体を反らし、そのまま10秒キープ。

首が痛む人はコレ！

クランチと同様に、手で頭を支えると、首に負担がかからないのでラクに。

集中シェイプ

わき腹

くっきりくびれをねらいたいなら
サイドベント

左右各
5~10
回

使う筋肉はココ！

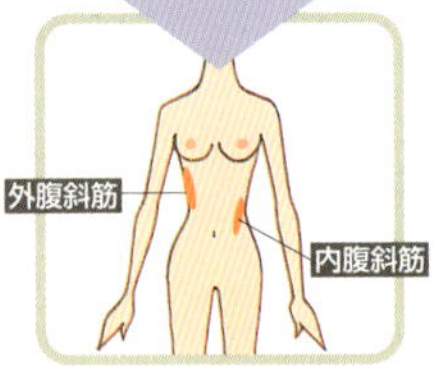

POINT

肩が上がったり、ひじが曲がったりすると、腕ばかり疲れてしまう

スタンバイ：
右手にダンベルを持ち、左手は頭の後ろに添える。

1 上体を右に傾け、1秒止めてからスタート。

POINT

ダンベルを持った腕には力を入れず、反対側のわき腹の力でカラダを動かす

2 上体をゆっくりと左に傾け、1の姿勢にゆっくり戻す。左右交互ではなく個々に行う。

●5～10回を目安にできるだけくり返す

カウント 3 2 1 0　吐く
動作　上げる　止める
下げる
吸う 4 5 6

After ストレッチ

組んだ両手をまっすぐ上げ、軽く反動をつけてカラダを横に傾ける。左右5回ずつ行う。

左右各5回

10秒

うつ伏せになり、両手を床について上体を反らし、そのまま10秒キープ。

集中シェイプ

お尻

キュッと上がったカタチのいいヒップラインに

フォワードランジ

左右各
5~10
回

使う筋肉はココ！

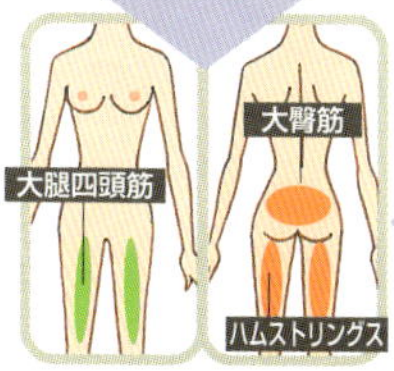

■効くところ
■特に効くところ

スタンバイ：
脚を前後に開いてまっすぐに立つ。
ダンベルを持ってもよい。

1 ひざを曲げて腰を落としたところで、1秒止めてからスタート。

2 ひざが伸びきる手前までまっすぐ垂直に立ち上がり、1の姿勢にゆっくり戻す。
左右交互ではなく個々に行う。

POINT
完全に立ち上がって休まない

POINT
カラダが前後すると片脚ずつの運動になってしまう

●5～10回を目安にできるだけくり返す

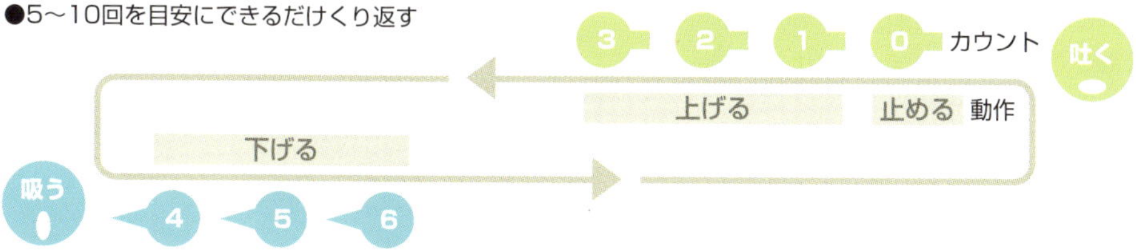

After ストレッチ

屈伸運動を行う。まず、手をひざに当て、軽く反動をつけてお尻を5回ほど落とす。

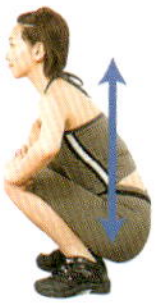

5回 ◀ 5回

立ち上がって上体を前に倒し、軽く反動をつけて5回ほどひざを伸ばす。

集中シェイプ

左右各 5~10回

使う筋肉はココ！

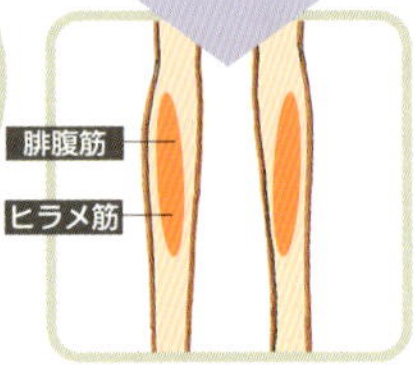

ふくらはぎ

モデルのようなスラリ美脚を作る

カーフレイズ

スタンバイ：
両脚を肩幅ぐらいに開いてまっすぐに立つ。

1 かかとを少し上げてつま先立ちになり、1秒止めてからスタート。

POINT
かかとを完全に床につけて休まない

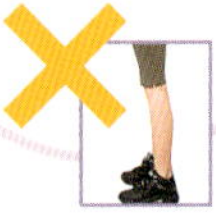

2 かかとをゆっくり上げ、1の姿勢にゆっくり戻す。

POINT
ひざを曲げると、勢いがついてしまう

●5～10回を目安にできるだけくり返す

カウント 0 1 2 3 （吐く）
動作 止める 上げる
下げる
4 5 6 （吸う）

After ストレッチ

左右各5回

両手を腰に当てて片足を前に一歩踏み出し、後ろ足のかかとを上げ、軽く上下させながら後ろ脚の筋肉をしっかり伸ばす。

集中シェイプ

背　中

左右各 5~10回

使う筋肉はココ！

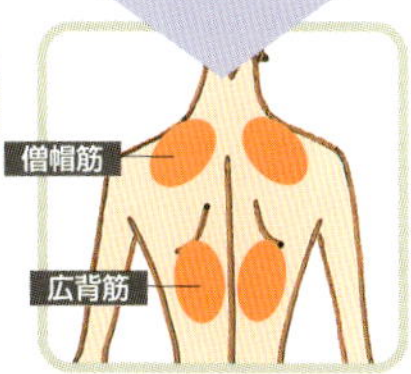

スッキリ引き締まった後ろ姿美人に

ベントオーバーローイング

POINT
ひじを曲げすぎると背中の筋肉ではなく、おもに腕の筋肉を使ってしまう

スタンバイ：
ダンベルを両手に持ち、ひざを軽く曲げて前かがみになる。

1
ダンベルを少し引き上げた状態で、1秒止めてからスタート。

2
ひじを後方に引いてダンベルを引き上げ1の姿勢にゆっくり戻す。

POINT
腕を伸ばしきって休まない

●5～10回を目安にできるだけくり返す

カウント 0 1 2 3 吐く
動作 止める 上げる
下げる
吸う 4 5 6

After ストレッチ

5回

組んだ手のひらを地面に向け、軽く反動をつけて上体を前に5回ほど倒す。

集中シェイプ

バストアップ

5～10回

使う筋肉はココ！

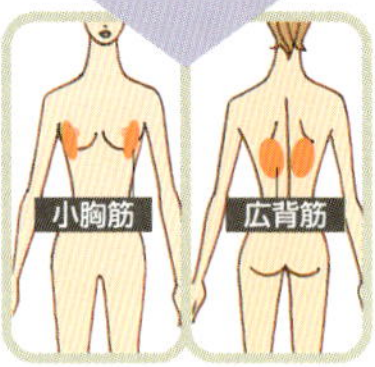

胸、背中の筋肉を鍛え崩れないバストを手に入れる

プルオーバー

スタンバイ：
両手でダンベルを持ち、
背中だけをイスの座面にのせて
あお向けになり、
両足を床につける。

1 両腕を床と水平になるように伸ばし、少し下げたところで1秒止めてスタート。

2 ダンベルを肩の真上の手前までゆっくり上げ、1の姿勢にゆっくり戻す。

POINT
肩の真上まで上げない

●5～10回を目安にできるだけくり返す

カウント 0 → 1 → 2 → 3 ｜ 3 → 4 → 5 → 6

動作 止める　上げる　下げる

吐く　吸う

After ストレッチ

手を組んで裏返し、まっすぐ上げる。反動をつけて後ろに引きながら筋肉をほぐす。

5回 ◀ 5回

組んだ手のひらを地面に向ける。そのまま上体を前に倒し、反動をつけてひざを伸ばす。

5~10回

使う筋肉はココ！

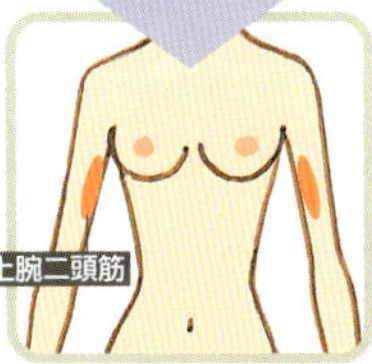

集中シェイプ

二の腕（前側）

カッコいい腕に引き締める

アームカール

スタンバイ：
両脚を肩幅ぐらいに開き、
両手にダンベルを持って立つ。

1 両ひじをカラダの横の
少し前に出して固定し、
手首の内側を前に向け、
1秒止めてから
スタート。

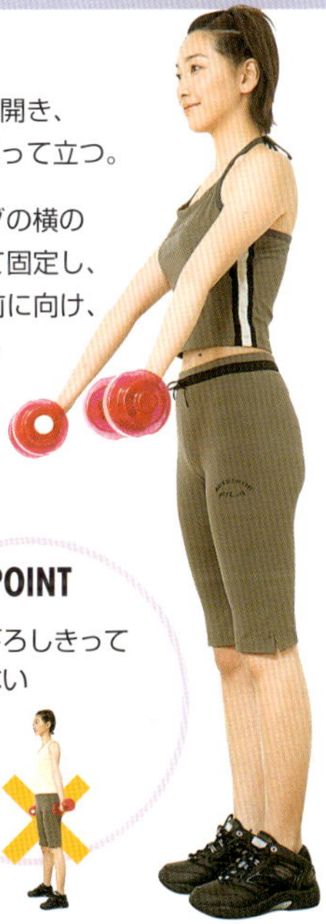

2 ひじを支点に
ゆっくり巻き上げ、
1の姿勢にゆっくり戻す。

POINT

腕を上げきって
休まない

POINT

腕を下ろしきって
休まない

●5〜10回を目安にできるだけくり返す

カウント　吐く　0　1　2　3
動作　止める　上げる
下げる
吸う　4　5　6

After ストレッチ

左右各5回

伸ばした右腕の手のひらを前に向け左手で
つかみ、軽く反動をつけてカラダ側に引く。
左右5回ずつ行う。

集中シェイプ

二の腕（後側1）

プルプルたるみを解消！

フレンチプレス

左右各
5～10
回

使う筋肉はココ！

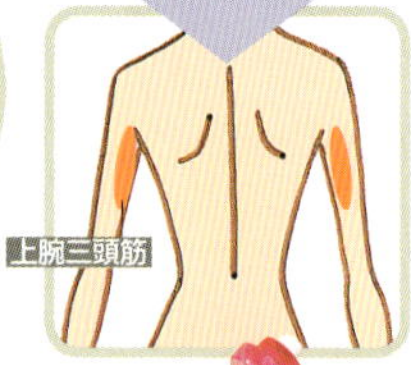

徹底的にシェイプアップしたい人はこのあと続けてキックバックへ
（ストレッチはそのあとで）

スタンバイ：
両脚を肩幅に開いて立ち、
片手にダンベルを持つ。

1
ひじを90度に曲げて
頭の後ろで固定し、
1秒止めてからスタート。

2
ひじを固定したまま
ゆっくり腕を伸ばして
ダンベルを持ち上げ、
1の姿勢にゆっくり戻す。
左右交互ではなく
個々に行う。

POINT

●ひじを伸ばしきって休まない

●ひじが外に開いてしまうと二の腕の筋肉が働かない

●5～10回を目安にできるだけくり返す

カウント　0　1　2　3　吐く
動作　止める　上げる
下げる
吸う　4　5　6

After ストレッチ

左右各5回

両腕を頭の後ろに回して曲げ、左ひじを右手で軽く反動をつけて引く。右腕も同様に。

左右各
5~10
回

集中シェイプ

二の腕（後側2）

徹底的に引き締めたいなら
フレンチプレスとセットで

キックバック

スタンバイ：
両脚を肩幅に開いて立ち、
片手にダンベルを持って
前かがみになる。

1 ダンベルを
腰の位置に上げて構える。
一方の手をひざに添え、
1秒止めてからスタート。

2 ひじを支点に
ダンベルをゆっくり後方へ
持ち上げ、
1の姿勢にゆっくり戻す。
左右交互ではなく
個々に行う。

POINT

カラダをねじってしまうと、二の腕の筋肉が働かない

POINT

ひじを下ろして休まない

●5〜10回を目安にできるだけくり返す

カウント	0	1	2	3		吐く
動作	止める	上げる				
動作	下げる					
カウント	4	5	6			吸う

集中シェイプ

肩

5~10回

使う筋肉はココ!

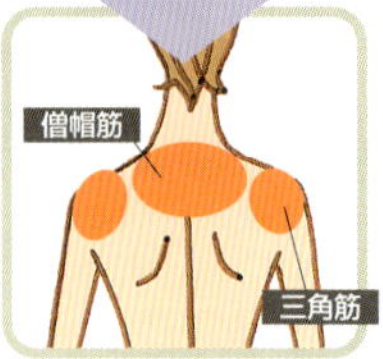

肩から首にかけてをシャープな美しいラインに

サイドレイズ

スタンバイ：
両脚を肩幅程度に
開いて立ち、
ダンベルを両手に持つ。

1
両腕をカラダの
側面に垂らし、
横に少し広げた
ところで
1秒止めてから
スタート。

POINT

両腕を下ろ
しきって休
まない

2
両腕をゆっくり
肩の少し上まで引き上げ、
1の姿勢にゆっくり戻す。

POINT

肩が上がると、
首ばかり疲れて
しまう

●5～10回を目安にできるだけくり返す

カウント　0　1　2　3　（吐く）
動作　止める　上げる
下げる　4　5　6　（吸う）

After ストレッチ

左右各5回

左ひじを右手でつかみ、軽く反動をつけて引きつける。右ひじも同様に。

つらい肩コリをスッキリ解消！

肩コリ体操

肩コリは肩にある「僧帽筋」という筋肉が持続的に緊張することが原因です。この筋肉をマメに動かしてコリをとってあげましょう。4つ紹介しているので自分のやりやすいエクササイズをチョイスして、デスクワークの合間などに行ってみてください。

1 ビックリ体操

両脚を肩幅程度に開いて胸を張り、背すじを伸ばして立つ。驚いたときのように肩をすくめ、リズミカルに上下に動かす。軽いダンベルを持って行ってもよい。

10~20回

前後各5~10回

一日前後それぞれ2セットがオススメ！

2 グルグル体操 -1

前から後ろ、後ろから前と腕をなるべく大きく回す。腕と同時に肩も大きく回すように。

前後各5~10回

3 グルグル体操 - 2

ひじを曲げ、肩を前から後ろ、後ろから前へとなるべく大きくリズミカルに回す。

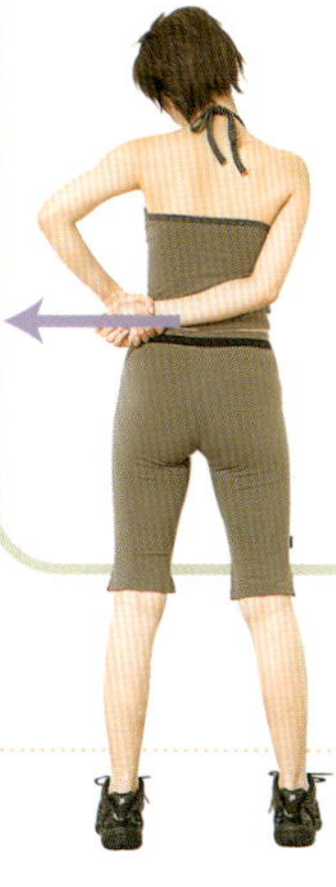

4 ヒッパレ体操

両腕を後ろに回し、片方の手首を持ってゆっくりと引く。左右を替えて同様に。

10~20秒

スロトレ

column

乳酸はカラダに不要な「老廃物」？肩コリとの関係は？

乳酸は、ハードな運動をしたときに血中に出てくるもので、糖質がエネルギーとして使われるために分解される、途中の段階の物質です。ハードな運動後に再び血液中から筋肉に取り込まれ、エネルギー源として消費されます。乳酸は運動中に出てくる「老廃物」ではなく、立派な「エネルギー源」なのです。

ただ、乳酸が発生すると、体内で行われる化学反応が遅くなり、それによって「疲労」を感じてしまうのです。それが乳酸＝(イコール)悪玉といったイメージにつながっているのでしょう。けれど、非常に激しい運動で乳酸がめいっぱい体内に蓄積したとしても、せいぜい1時間程度で筋肉に取り込まれエネルギー源として使われ、なくなってしまいます。ですから、乳酸によって感じる疲労は一時的なものなのです。

とはいえ、乳酸が原因で起こる慢性的な特殊な疲労もあります。これがいわゆる「肩コリ」などの筋肉の「コリ」です。デスクワークなど、同じ姿勢で肩の筋肉が長時間緊張し続けていると、血液循環が慢性的に悪化し、乳酸の代謝がスムーズに行われず、その場にとどまってしまうのです。乳酸がたまって慢性的なコリを生じると、筋肉が硬くなり、硬くなるとさらに血液循環が悪くなる、という悪循環に陥ります。

ノンロックスロー法は、血液循環を一時的に制限することで乳酸を蓄積させるトレーニング方法です。乳酸が発生するものの、きわめて一時的なもので疲労も尾を引かず、もちろん「コリ」の原因にもなりません。

肩コリ解消には僧帽筋などの肩まわりの筋肉をマメに動かすとよいでしょう。動かすことにより血液循環が良くなり、また乳酸をエネルギーとして使うことができます。肩コリ体操の方法はP95に紹介しています。

Lesson 4

ふだんの動きに
取り入れて

痩せ体質に

日常エクササイズ

痩せるカラダ作りは「日常の動作を変えること」で加速する

"スロトレ"ダイエットは、日常の生活の中で運動量を増やしていくことでさらに効果が上がります。けれど、毎日時間を作って運動を行うのはなかなか難しいものですよね。

じつは、通勤、ウィンドウショッピング、お散歩など何気なく過ごす日常生活は一種の軽い運動。わざわざ運動のための時間をとらなくても、日常生活をダイエットのための運動に変えてしまえば、さらに痩せられるはずです。もちろんすぐに痩せるわけではありませんが、毎日の積み重ねて、着実に効果は現れてきます。

日常生活でエネルギーをもっとも消費するのは、なんといっても歩くことです。ここにひと工夫加えるのが一番効果的でしょう。万歩計をつけて目標「一日一万歩」などとよくいわれますが、これはいかに歩行動作が一日の運動量に与える影響が大きいか、またそれによる効果が大きいかを表しています。影響が大きく、効果が高いからこそ目標とされるわけです。歩き方をひと工夫するだけでも、そのエネルギー消費によるダイエット効果とともに、心臓・血管系の改善にもつながり、動脈硬化などの生活習慣病の予防効果も生まれてきます。

この章では歩行のほかに、日常でできる「ながらエクササイズ」をいくつか紹介します。「買いものをしながら」「本を読みながら」いろいろなことをしながら、がんばらないでやってみましょう。効果はわずかでも習慣にして継続できれば、必ず効果は得られますよ。

また、日常の習慣として「ながらエクササイズ」を行うようになると、いつも頭の片隅にカラダをケアする気持ちが生まれます。すると自然に食生活や運動習慣、飲酒、睡眠などの生活習慣に気をつかうようになってきます。これはすてきなスタイルを手に入れる美容効果だけでなく、健康管理のうえでも大いにプラスに働くことでしょう。

手足を大きく振って歩けば代謝もグンとアップ！

ふだんの動きに取り入れて「痩せ体質」に！日常エクササイズ

ふだん歩くときに、手足の振り出しを「ほんの少し力強く」してみましょう。がんばりすぎると疲れて長続きしません。少しでいいのです。そうすると、カラダは不思議とスイスイ前に進みます。

そのわけは、手足を前に振り出す力は蹴り足を通して地面に作用し、地面から反作用を受けるため。つまり手足を強く振ると、地面から跳ね返ってくる力も強くなり、歩き方に勢いがつくというしくみなのです。

この、足を前に振り出すのに重要な役割を果たす筋肉が、「大腰筋」と「腹直筋」。この2つは、脂肪がつきやすいお腹まわりの筋肉です。積極的に鍛えることで、お腹の引き締め効果も望めます。また、骨盤を引きつけて姿勢を維持する役割も果たしているので、姿勢の改善も期待できます。

これからは、手足の振り出しをほんの少し強くして、なるべく、「大腰筋ウォーキング」で歩いてみましょう。スイスイと気持ちよく前に進むので、なんだか自信と元気が湧いてきて、歩くのが楽しくなってくるかもしれません。

また習慣にできれば、エネルギー消費量がグンとアップして脂肪がよく燃えるカラダになりますよ。

Lesson
4

大腰筋ウォーキング

手足の振り出しを意識して少しだけ力強くすると、大腰筋や腹直筋を適度に鍛えられる。胸を張って背筋はピンと伸ばす。

ふだんの動きに
取り入れて
「痩せ体質」に！
日常エクササイズ

歩くときの蹴り出しを意識して たるんだお尻を引き締める

たとえポッチャリさんでも、締まるところが締まっていれば見た目はスッキリ。特に、お尻がキュッと締まっていると、一段とカッコよく見えるものです。「ヒップアップウォーキング」でお尻の張りやたるみを引き締めましょう。

ヒップアップウォーキングは、後ろ足での蹴り出しをちょっと意識して歩く方法です。足が地面から離れる瞬間の、最後の蹴り出しを強めにします。おもに後ろ足で歩くような感覚です。股関節の開きを強調する歩行になるので、お尻の筋肉である「大臀筋（だいでんきん）」、太ももの裏側の「ハムストリングス」がそれぞれ鍛えられます。お尻を引き締めて持ち上げるので、ヒップアップの効果が期待できます。

しかしこの歩き方は、じつはなかなかハード。ですから、電柱から電柱の間のひと区間、10歩か20歩などといった短い距離で取り入れてみるとよいでしょう。

基本は、P１００で紹介した「大腰筋ウォーキング」で歩き、ときどきエクササイズ気分で短い区間にヒップアップウォーキングを織り交ぜれば、ムリなく続けられそうですね。

後ろ足の蹴り出しをやや強くして歩く。なるべく大きな歩幅で、早足で歩くように心がけて。

Lesson 4

ヒップアップウォーキング

歯磨きニーアップ

歯磨きタイムにできる！
ウエストほっそりエクササイズ

歯磨きタイムは、朝と夜の一日2回以上作れるのでエクササイズを取り入れる絶好のチャンス。リズミカルニーアップにひねりを加えたこのエクササイズでウエストほっそり計画を立てましょう！

1

両脚を肩幅程度に開いて立つ。
カラダをひねり、
右腕のひじと左脚のひざをくっつける。

2

左右を替えて同様に行う。
スピードや回数は好みで。

ふだんの動きに
取り入れて
「痩せ体質」に！
日常エクササイズ

Lesson
4

デスクワークで腹筋

オフィスや学校で気軽にできる！
お腹痩せエクササイズ

デスクワーク中心で過ごすことが多い人は、
すわっている時間を利用して腹筋を。
こまめに行えば、ポッコリお腹も改善！

イスに腰かけ、両手を机の上に置く。
カラダを手で支えながら、
脚を垂直に上げ下げする。
スピードや回数は好みで。

待ち時間にカーフレイズ

空いた時間を利用してできる！

美脚エクササイズ

ちょっとした空き時間や立ち仕事のときなどを利用して、脚のシェイプアップ体操を行いましょう。日々の積み重ねが、引き締まった美脚を作ります。

1

両脚を肩幅程度に開いて立つ。

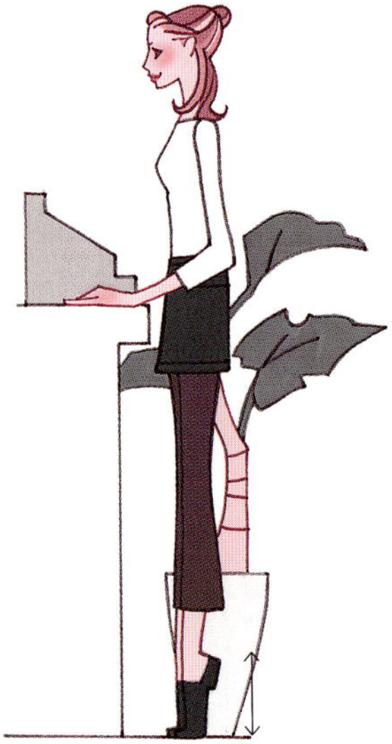

2

かかとを上げ、**1**に戻る。
行うスピードや回数は好みで。
両脚同時でも、
片脚ずつ行ってもOK。

同時にヒップアップをめざすなら

ひざの屈伸を加えると、ハムストリングスや大臀筋などの筋肉も使い、ヒップアップ効果も期待できます。

Lesson 4

通勤時間にアイソメトリック

こっそりできるのがウレシイ！
バストアップエクササイズ

ツンと上向きにハリを出させるには、バストを支える「大胸筋」や姿勢を良くする背中の「広背筋」を鍛えるエクササイズがうってつけです。筋肉を伸び縮みさせず静止した状態で力を出す「アイソメトリック」という手法なので、電車のなかなどでひそかにできるのがポイント。

1

まずは大胸筋を鍛えるエクササイズ。
両手のひらを合わせ、
力を入れて押し合う。5〜10秒ぐらい行う。

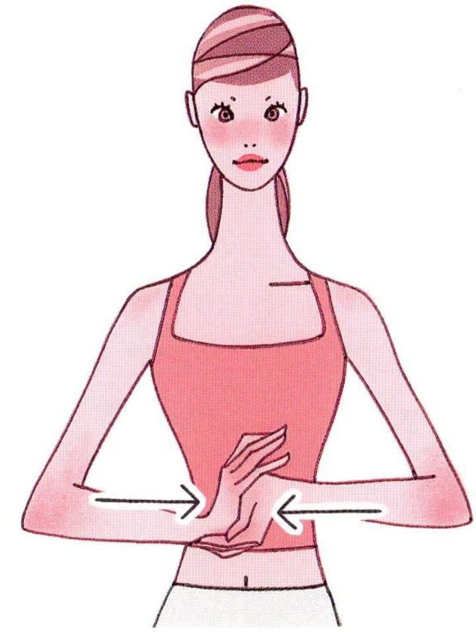

2

次に広背筋を鍛えるエクササイズ。指どうしを引っかけて、左右に引き合う。5〜10秒ぐらい行う。**1**と**2**を交互に、好きな回数行う。

スロトレ

column

体脂肪計の正しい使い方

体脂肪計の普及にはめざましいものがあり、その機能を備えていない体重計のほうが少ないくらいです。しかし、そのしくみや正しい使い方についてはあまり知られていません。

市販の体脂肪計は手足に電気を流し、その電気抵抗を測定して体脂肪率を「推定」するしくみになっています。直接脂肪量を測定しているわけではありません。電気抵抗は含水量に依存しますが、脂肪は文字通り脂なのでほとんど水を含みません。つまり手足の含水量しだいで、体脂肪計の数値は変動するのです。

ここで問題となるのが、手足の含水量は常に一定ではないということ。たとえば、食後は胃腸に血液が集まることにより手足の含水量は減ります。また運動後は、足の筋肉にたまった代謝産物の保水作用により手足の含水量は増えます。さらに汗をかくと、電気が体内を通らずカラダの表面を通ってしまいます。つまり測定上、食後は体脂肪が増えて、運動後は体脂肪が減ったように見えてしまうわけです。

体脂肪計は、できるだけ同じ条件で使う必要があります。起床時がオススメです。また、人によって手足の長さも形も違います。体脂肪計は標準的な体形をもとに推定式を立てているので、そこからはずれる人ほど誤差が大きくなります。ですから、計測値そのものより数値の変化を知る測定器として活用しましょう。

- 測るときはいつも同じ状態で！　起床時がベスト
- 測定値そのものより、その変化を重視しよう

Lesson 5

“スロトレ”ダイエットについてのギモン

なぜ? どうして!?

Q エクササイズはいつ行うのが効果的ですか？

A

特にいつ行うと効果的ということはないので、ちょっと時間ができたときなど、「できるときにやる」スタンスでいいでしょう。ただし、食事の直後は避け、最低でも1時間はおいてください。

“スロトレ”ダイエットの効果をもっと上げたいなら、運動の1時間後くらいにウォーキング、ジョギングなどの有酸素運動を組み合わせると、成長ホルモンによって分解された脂肪を、効率よく燃やせます。運動のための時間がとれないのでしたら、家事や通勤などの前にスロトレを行う、というように日常生活のリズムにうまく組み込んでみるのもひとつの方法です。午前中は日常生活で出る成長ホルモンの分泌が少ないので、夜よりも午前中に行って増やすほうが効果的かもしれません。

Q 効果が現れるのはいつごろ？

A

１か月後にはたいてい、体重やスリーサイズなどに変化が現れます。体形に大きな変化が見られるまでには3か月くらいかかると思ってください。

しかし、「内臓脂肪」が減ると、見た目のたるみ具合は変わらなくてもウエストが細くなってくるはずです。内臓脂肪とは筋肉の内側、内臓のまわりにある脂肪のこと。運動を始めると、まずこの内臓脂肪から減っていくのです。ところが内臓脂肪の量は外見からはわからないので、「脂肪が減ってない」と感じてしまうかもしれません。見た目だけで判断して途中であきらめるのはもったいないですよ。まずは、カラダのなかから脂肪が落ちていると思ってください。

Lesson 5

Q どんな人に特にオススメですか？

A

スロトレの最大の特徴は、ツライ運動をしたかのように筋肉をダマしてしまうこと。「軽い負荷」にもかかわらず「重い負荷」でトレーニングを行ったのと同様の効果が得られることです。なかでも、エクササイズ中の血圧上昇が小さいことは、高血圧の人には特に大きなメリット。

肥満が進んでいて血圧が高めの人は、重い負荷の筋トレが心臓・血管系に大きな負担をかけてしまうことから行うのが困難とされていました。でもスロトレならこういった負担が小さいので、安心して行えます。

Q 成長ホルモンは睡眠中にも分泌されると聞きましたが？

A

成長ホルモンの分泌は、運動後と睡眠時に高まります。睡眠に入って30分程度でノンレム睡眠（深い眠り）に入ると、成長ホルモンの分泌量が徐々に高まり、2時間ほどでピークに達し、その後2時間ほどかけてなだらかに低下します。成長ホルモンの分泌は、ノンレム睡眠の眠りが深いほど高まると考えられています。規則正しく睡眠時間をとり、ゆったりとリラックスして、深く心地よく眠ることが大切です。

成長ホルモンは、発育期の成長に必要なホルモンでもあるので「寝る子は育つ」という表現は理にかなっているといえるでしょう。発育期以降の成長ホルモンの分泌は、カラダの修復・疲労回復、つまり若返りに重要な働きをしています。規則正しく心地よい眠りで、成長ホルモンをたっぷり分泌させて、バッチリ若返りたいものですね。

Q スロトレをやるとどう若返るの？

A

エクササイズによって分泌される成長ホルモンの影響で、全身の新陳代謝がアップし、カラダ全体がフレッシュになります。目に見える部分では、皮膚の新陳代謝がよくなるため肌がきれいになる、シワが減るなどの効果が現れます。

ただし、これらの成長ホルモンによる効果は一朝一夕には得られません。特に外見的な変化は、1か月や2か月で強く実感できるものではないと考えてください。継続的にエクササイズを続けることで、その効果は確実に現れてくるのです。

Q エクササイズは体重が落ちてからも続けたほうがいい？

A

スタイルを変化させるのと、スタイルを維持するのとでは、必要とするエクササイズの量が違います。スタイルが改善されたあとは、エクササイズの回数を多少減らしても、そのスタイルは維持できるのです。ですから、回数を減らしても続けたほうがトクだといえるでしょう。

ただしエクササイズを続けてきたことで、カラダに筋肉がついて姿勢の悪さが改善され、さらに日常生活が活動的に変わっていたとしたら話は別です。エクササイズをやめても、その生活スタイルを維持さえすればもとのスタイルに戻ることはありません。

もちろん、エクササイズを行っていたときの体形をそのまま維持はできませんが、姿勢と日常生活が改善されたぶん、エクササイズを始める前よりは良いスタイルがキープできるでしょう。

なぜ？
どうして!?
スロトレダイエットについてのギモン

Q 食事の量を減らさなくてもいい？

A

体重の増減は、単に摂取エネルギーと消費エネルギーのバランスによって決まってくるので、食事を減らさなくても、消費エネルギーを増やすスロトレだけで体重を減らすことができます。

とはいえ、多少の食事制限を並行するほうが、ダイエット効果が上がるのは確かです。

ただし、ここで気をつけたいのは食事制限の行い方。早く痩せたいからといって、一食抜くなどの厳しい食事制限を行うと、カラダは飢餓状態と感じてエネルギー貯蔵庫である「脂肪」を増やし、エネルギーを消耗する筋肉を減らしてしまいます。これではせっかくのエクササイズも水の泡です。

食事制限は、あくまでもムリなく続けられる程度に。以下にあげるいくつかのポイントを押さえるだけでも、効果は十分に期待できます。

●朝はしっかり、夜は控えめに

カラダの活動量が減る睡眠前の食事はエネルギー余剰となり、体脂肪になりやすいので控えめにしましょう。

●脂肪の摂りすぎに注意（一日50グラムまでに）

脂肪には、糖質やたんぱく質の2倍以上のカロリーがあり、エネルギー過剰になりやすいので注意が必要。また、脂肪の摂取は体脂肪の蓄積を招きやすい特徴もあります。

脂肪が多い食品：洋菓子、ピザなどチーズの多いもの、デニッシュパンなど

●筋肉を作る材料であるたんぱく質はしっかり摂ること（一日60グラム以上）

筋肉を作るには、肉など動物性たんぱく質は不可欠。ただし、霜降りや脂身は同時に脂肪も摂ってしまうことになるので、ささみや鳥むね肉などの脂肪分の少ないものがオススメです。

脂肪を燃やすオススメ食品

食べるだけで理想のカラダになれる、といった食品は存在しませんが、
確実に脂肪を燃やせる食品はあります。
ふだんの食事に積極的に取り入れて、ダイエット効果を高めましょう！

食物繊維

体内で消化・吸収されないため、栄養にはならないのですが、食事の余分な糖分や脂肪を吸着し、すみやかに体外に排出させるという、カラダのなかのお掃除役をします。こんにゃく、野菜、きのこなどに多く含まれており、少量でもおなかがふくれるのでダイエットの強い味方！

コーヒー（カフェイン）

コーヒーなどに含まれるカフェインには、脂肪を優先的にエネルギー源として使わせる働きがあります。ジョギング、ウォーキングの有酸素運動前にカフェインを摂ると、脂肪燃焼に非常に効果的です。ただしカフェインの効果は慣れにより低下しやすいので、日常的に多量に摂るとその効果は薄れてしまいます。

唐辛子（カプサイシン）

とうがらしの辛味成分であるカプサイシンには、体温上昇作用があります。体温が上がるということはそれだけ熱エネルギーを生み出しているわけで、消費エネルギー量が高まるのは確実です。またこのときのエネルギー源として脂肪が優先的に使われているともいわれています。

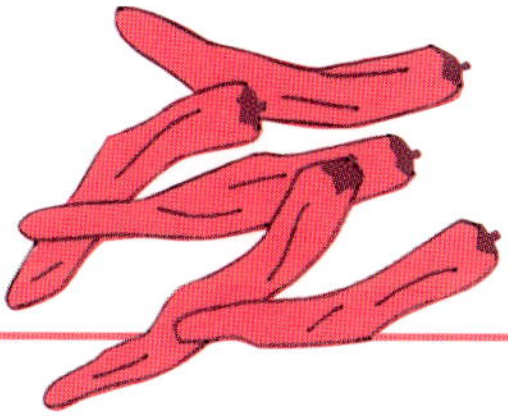

青魚（DHA、EPA）

脂肪分というとなんでも太ると思いがちですが、反対にコレステロールや中性脂肪を減らす働きをするものがあります。サバやイワシ、サンマなどの青魚に多くふくまれているEPA（エイコサペンタエン酸）、DHA（ドコサヘキサエン酸）などの不飽和脂肪酸がそれです。ただし、当然摂りすぎは肥満を誘発するので要注意。

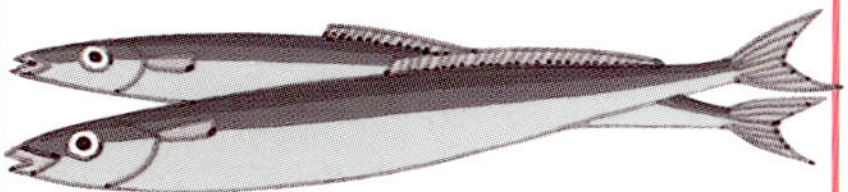

Lesson 5

スロトレ

column

ヨーグルトダイエットの落とし穴

ヨーグルトは「美容・健康に最適」というイメージがあります。「ダイエットにいい」「きれいに痩せる」なんて思う人すらいるかもしれません。

もちろん、ヨーグルトは腸内環境を整えるいわゆる「善玉菌」を多く含み、良質の動物性たんぱく質も豊富な「美容・健康」によい食品です。しかし見落とされがちなのが、その脂肪分の多さ。プレーンヨーグルトは、牛乳を発酵したものですから、その成分はほぼ牛乳と同様で、3.5%ほどの脂肪を含みます。これは500ｇのパックで20ｇ近くの脂肪になる計算です。

また乳製品に含まれる脂肪は、おもに飽和脂肪酸という脂肪からできていて、肉の脂身に含まれる脂肪と同じタイプのもの。このタイプの脂肪は悪玉コレステロールを増やし、動脈硬化を起こさせやすいという性質があります。

ヨーグルトは「健康・美容」によい食品ですが、摂りすぎには注意しましょう。なお、製品によっては脂肪分をカットしているものもあるので、購入するときに成分表をチェックして選ぶといいですね。

Lesson 6

〝スロトレ〟ダイエットを

成功させるためのザ・裏ワザ

“スロトレ”ダイエットを
成功させるための5か条

5 rules

1 エクササイズ一覧を目につくところに貼っておこう

エクササイズを行うとき、意外にネックになるのが「本を見ながらでないとできない」こと。これがめんどうでついついサボってしまったり、いちいち確認しながらでは、動作がきちんと行えなかったりします。

そこで一番効果的な解決法が、エクササイズの一覧表（P127参照）を目につきやすい場所に貼っておくこと。これによってきちんと運動ができるだけでなく、見るたびにダイエットへのモチベーションを維持できます。

さらにスロトレの場合、基本は週2回なのでエクササイズを行うのをついつい忘れてしまいがちですが、貼ってある一覧表を見るたびに思い出せるでしょう。

一日やらなくても自分を責めない

たとえエクササイズするのを一日忘れてしまったとして、そのことで自分を責めても、「もういいやぁ」とやる気を失ったり、ストレスがたまったりするだけです。一日くらい忘れてもどうってことない、くらいの気構えで取り組みましょう。

しかもスロトレの場合、毎日行うエクササイズではないので、一日忘れても翌日できればほとんど効果に影響はありません。

Lesson
6

ストレス解消法を見つけよう

ダイエットを始めると、どうしても体重やサイズのことばかりが気になってしまいがち。そのため変化が一時的に止まっただけでも「どうして痩せないの？」とストレスがたまってしまうことがあります。

そこでダイエット中は、自分なりのストレス解消法を見つけることも大切です。たとえばアロマキャンドルで気分をリラックスさせたり、ゆっくりと半身浴をしてカラダの緊張をほぐすなどで、リフレッシュするのもいいでしょう。

ネイルサロンやフェイシャルエステなどで外見を磨いてみるのもストレス解消になり、ダイエットのやる気を復活させるいい刺激になります。

甘いものを食べるなら朝か運動後に

デザートなどで口にする甘いものは、体内への吸収が早く、血糖値をすばやく上げる、いわゆるGI値（グリセミック指数）の高い食べもの。こういった食品を食べると、上がりすぎた血糖値を下げるために血糖が脂肪細胞に取り込まれるので、体脂肪としてストックされやすいのです。甘いものが太る、といわれるのはこのため。

ただし運動でエネルギーを使ったあとや、長時間食事をとってない朝の目覚めなどは、体内のエネルギーが不足ぎみ。このような状態では、すみやかなエネルギー補給源としてむしろ甘いものは適しています。

ですから甘いものを食べるのは、朝か運動後に。それでも、200 kcalぐらいまでに抑えたほうがいいでしょう。

ダイエット日記をつけよう！

その日食べたもの、運動した時間とその内容などの記録をつけることも、ダイエットを成功させるための秘訣。読み返すことで、自分の食生活や運動習慣を客観的に見直せ、ダイエットの問題点を見つけられるからです。

また、記録をつけることは結果をフィードバックできることだけではありません。毎日つけることで、ダイエットへの意識が自然と高まっていきます。そうすると、何気なく選んできた食事の内容が変わってきたり、エスカレーターを使わず階段を上ったりと、無意識のうちに食事や運動習慣に変化がもたらされるのです。

コピーして使ってね！

これは、“スロトレ”エクササイズを行ったかどうかや、食事の内容などを記録するための日記です。毎日の生活をチェックして、健康的に美しくなるための一助としてお使いください。「自分にひとこと」の欄には、その日の出来事を簡単に記入しておきましょう。ダイエットは食生活だけでなく、心の健康状態を見直すことも大切です。

Photo Space

“スロトレ” ダイエット日記

ダイエット日記の使い方

●あなたの目標サイズを設定し、右の欄に記入します。ダイエットを始めたら、一週間に一度サイズを測定して結果を巻末のグラフに書き入れ、目標サイズに近づけるようがんばりましょう！

●日記のページは、まず書き込む前に白紙の状態のままコピーしてください。そうすれば、ずっと使い続けることができます。

●右のスペースには現在のあなたの写真を貼りましょう。ダイエット後のあなたの姿を写真に撮って見比べてみると、どのくらい変化したか効果を実感できます。

Photo Space

目標サイズ

体重 体脂肪率	ウエスト	ヒップ
kg %		

週目

日付	今日のエクササイズ	朝食	昼食	夕食	間食	自分へひとこと
／ (　)						
／ (　)						
／ (　)						
／ (　)						
／ (　)						
／ (　)						
／ (　)						

週目

日付	今日のエクササイズ	朝食	昼食	夕食	間食	自分へひとこと
/ ( )						
/ ( )						
/ ( )						
/ ( )						
/ ( )						
/ ( )						
/ ( )						

週目

日付	今日のエクササイズ	朝食	昼食	夕食	間食	自分へひとこと
／ ( )						
／ ( )						
／ ( )						
／ ( )						
／ ( )						
／ ( )						
／ ( )						

週目

日付	今日のエクササイズ	朝食	昼食	夕食	間食	自分へひとこと
/ ( )						
/ ( )						
/ ( )						
/ ( )						
/ ( )						
/ ( )						
/ ( )						

サイズ記入グラフ

“スロトレ”ダイエットの成果をひと目で確認できる折れ線グラフです。
1週間ごとに測定すれば、カラダの変化が一目瞭然！

使い方

グラフの縦軸の目盛は、自分のサイズに合わせて書き込みます。たとえば体重なら、大きいひと目盛を500ｇにすれば5kgまで、1kgにすれば10kgまでの変化がつけられます。体重と体脂肪率、ウエストとヒップは同じグラフにそれぞれ色分けしてつけてください。

2か月たってもまったくグラフの線が下がらない場合は、ダイエット日記を読み返してみると、その原因がつかめるはずです。

体重／体脂肪率

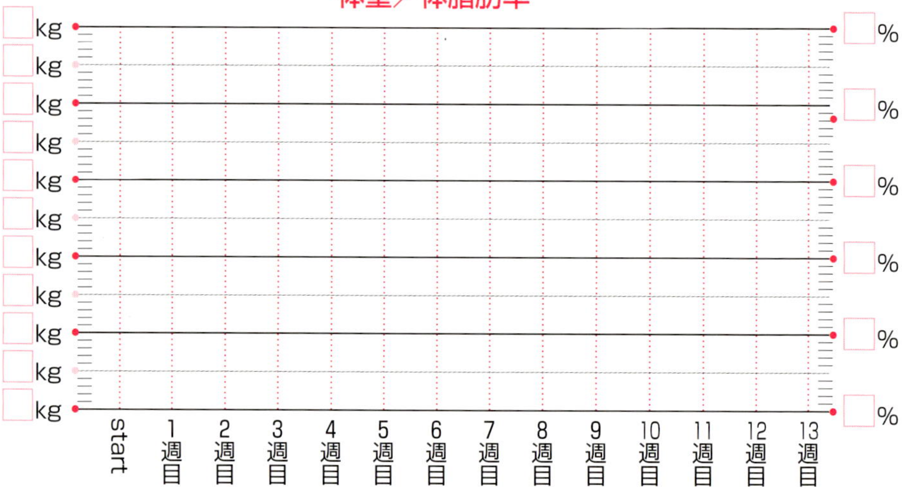

ウエスト／ヒップ

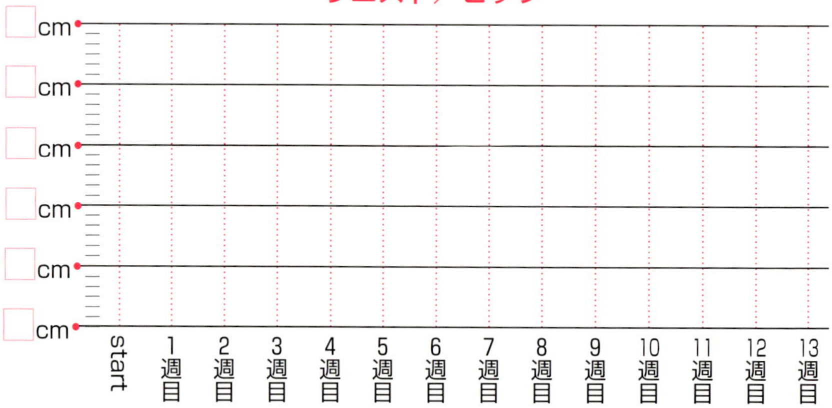

“スロトレ” エクササイズ一覧

●WARM UP ●リズミカルニーアップ

くわしくは P.061

1

2

50回

●STEP 1 ●ニートゥチェスト

くわしくは P.062～P.063

1

2
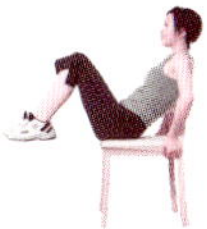

5~10回

Afterストレッチ

ニートゥチェストで
腰が痛む人はコレ！

●レッグレイズ

くわしくは P.064～P.065

1

2

5~10回

Afterストレッチ

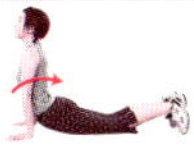

●STEP 2 ●スクワット

くわしくは P.066～P.067

1

2

5~10回

Afterストレッチ

前太ももに
効かせたい人は

くわしくは P.067

1

2

5~10回

Afterストレッチ

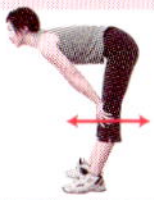

●STEP 3 ●プッシュアップ

くわしくは P.068～P.069

1

2

5~10回

Afterストレッチ

●STEP 4 ●アームレッグクロスレイズ

くわしくは P.070～P.071

1

2

5~10回

Afterストレッチ

●著者
石井直方（いしい なおかた）

1955年東京都生まれ。東京大学教授、理学博士。専門は身体運動科学、筋生理学。81年ボディビル世界選手権3位、82年ミスターアジア優勝など、競技者としても輝かしい実績を誇る。エクササイズと筋肉の関係から健康や老化防止まで、わかりやすい解説には定評があり、テレビ番組の出演や雑誌の監修など活躍の場は広い。

○著書
『一生太らない体のつくり方』（エクスナレッジ）など多数。共著に『スロトレ完全版 DVDレッスンつき』『1日10分［クイック→スロー］で自在に肉体改造 体脂肪が落ちるトレーニング』『5つのコツでもっと伸びる体が変わる ストレッチ・メソッド』（高橋書店）など

谷本道哉（たにもと みちや）

1972年静岡県生まれ。東京大学学術研究員、順天堂大学博士研究員（兼任）。大阪大学工学部卒。東京大学大学院総合文化研究科博士課程修了。博士（学術）。専門は筋生理学、トレーニング科学。スポーツ・トレーニングを、遺伝子・細胞などのミクロなレベルから生体の運動パフォーマンスというマクロなレベルにわたり研究している。

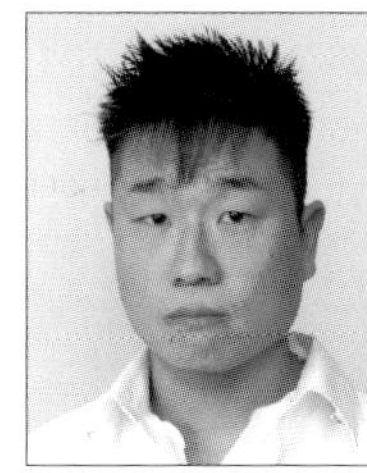

○著書
『使える筋肉、使えない筋肉』（ベースボールマガジン社）など多数。
共著に『スロトレ完全版DVDレッスンつき』『1日10分［クイック→スロー］で自在に肉体改造 体脂肪が落ちるトレーニング』『5つのコツでもっと伸びる体が変わる ストレッチ・メソッド』（高橋書店）など

スロトレ

著　者　石井直方
　　　　谷本道哉
発行者　高橋秀雄
編集者　小元慎吾
発行所　高橋書店
〒112-0013　東京都文京区音羽1-26-1
編集 TEL 03-3943-4529 / FAX 03-3943-4047
販売 TEL 03-3943-4525 / FAX 03-3943-6591
振替 00110-0-350650
http://www.takahashishoten.co.jp

ISBN978-4-471-03406-1

※本書についての問合せ　土日・祝日・年末年始を除く平日9：00〜17：30にお願いいたします。
内容・不良品／☎03-3943-4529（編集部）
在庫・ご注文／☎03-3943-4525（販売部）